Der britische Film

Filmgeschichte ***kompakt***

Der britische Film

Jörg Helbig

et+k
edition text+kritik

Bibliografische Information der Deutschen Nationalbibliothek
Die Deutsche Nationalbibliothek verzeichnet diese Publikation in der Deutschen Nationalbibliografie; detaillierte bibliografische Daten sind im Internet über www.dnb.de abrufbar.

ISBN 978-3-96707-993-7

Levelingstraße 6a, 81673 München
www.etk-muenchen.de

Umschlaggestaltung: Thomas Scheer
Umschlagabbildung: © Alamy Stock Photo
Satz und Bildbearbeitung: Olaf Mangold Text & Typo, 70374 Stuttgart
Druck und Buchbinder: Esser printSolutions GmbH,
Westliche Gewerbestraße 6, 75015 Bretten

Inhalt

1 Einleitung

In Richard Curtis' romantischer Komödie LOVE ACTUALLY spielt Hugh Grant den britischen Premierminister. Als dieser während eines Staatsbesuchs vom US-Präsidenten herablassend behandelt wird, gibt der Engländer auf einer Pressekonferenz Folgendes zu Protokoll: »Eine große Macht mögen wir nicht sein, aber dafür ein großartiges Land. Wir sind das Land von Shakespeare, Churchill, den Beatles, Sean Connery, Harry Potter.«

Im übertragenen Sinne umschreibt diese trotzige Feststellung das Verhältnis zwischen der US-amerikanischen und der britischen Filmindustrie. Hollywood mag ein übermächtiger Gegner sein, aber das Vereinigte Königreich hat dem einiges entgegenzusetzen. Hierzu zählen, um an Hugh Grants Aufzählung anzuknüpfen, die weltweit erfolgreichen Blockbuster um James Bond und Harry Potter, die Popmusikfilme der Swinging Sixties, historische Dramen über den Zweiten Weltkrieg und grandiose Shakespeare-Verfilmungen. Und natürlich ist diese Aufzählung unvollständig, denn zum britischen Film gehören untrennbar auch die Thriller von Alfred Hitchcock, die bildgewaltigen Epen von David Lean, die sozialkritischen Dramen von Ken Loach, die britisch-indischen Komödien von Gurinder Chadha und unzählige weitere Aspekte. Das Anliegen dieses Buchs ist es, die Vielfalt des britischen Films möglichst repräsentativ darzustellen, wenngleich die Herausforderung, 130 Jahre nationaler Filmgeschichte auf rund 130 Seiten darzustellen, eine gewisse Selektion unvermeidlich macht.

Das Konzept einer nationalen Filmgeschichte hat seine Tücken, erst recht in Zeiten zunehmender Globalisierung, wo internationale Koproduktionen eher die Regel als die Ausnahme darstellen. Eine verbindliche Antwort auf die Frage, was ein britischer Film ist, fällt schwer. Offizielle amtliche Zahlen, die beispielsweise genau vorschreiben, wieviel Prozent britischer Studioangestellter an einer Produktion mitabeiten müssen, damit ein Film als britisch gelten darf, sind hier wenig hilfreich. Ebensowenig ausschlaggebend ist die

Frage der Finanzierung, denn unzählige Filme, die unwidersprochen als britisch gelten, wurden von US-amerikanischen Studios finanziert. Auch müssen die Filme nicht notwendigerweise in britischen Studios oder an britischen Originalschauplätzen gedreht worden sein – Klassiker wie ZULU, DON'T LOOK NOW oder GANDHI, um nur wenige zu nennen, entstanden in Südafrika, Italien und Indien.

Die Zuordnung eines Films zum Vereinigten Königreich hat vor allem etwas mit seiner Thematik, seinem Ambiente, seinen Schauplätzen und seinem kulturellen Kontext zu tun, nicht zuletzt aber auch mit den beteiligten Personen, mit den Schauspielerinnen und Schauspielern und mit den kreativen Köpfen der Filmcrew, insbesondere mit Regie und Drehbuch. Doch auch diese Richtlinie kennt viele Ausnahmen. Die 1931 produzierte Romanverfilmung FRANKENSTEIN beispielsweise basierte auf einer Vorlage der Engländerin Mary Shelley, wurde von dem Engländer James Whale inszeniert und besaß mit Boris Karloff einen englischen Hauptdarsteller – und war doch ein US-amerikanischer Film. Umgekehrt adaptierte der 1966 veröffentlichte Film FAHRENHEIT 451 einen Roman des Amerikaners Ray Bradbury, hatte mit François Truffaut einen französischen Regisseur sowie mit Oskar Werner einen österreichischen Hauptdarsteller – und gilt als britischer Film.

Zu dieser Gemengelage kommt hinzu, dass die britische Filmgeschichte die verschiedenen nationalen Identitäten des Vereinigten Königreichs umfasst. Filme wie WHISKY GALORE! und TRAINSPOTTING besitzen dezidiert schottischen Charakter, in TWIN TOWN und THE ENGLISHMAN WHO WENT UP A HILL BUT CAME DOWN A MOUNTAIN steht Wales im Zentrum, und der Fokus von THE BOXER und BLOODY SUNDAY liegt auf Nordirland. Die Leserinnen und Leser dieses Bands erwartet also nicht nur ein historischer Abriss, sondern eine große kulturelle Vielfalt und eine kontrastreiche Palette unterschiedlichster Filmgenres.

2 Die Stummfilm-Ära: 1895–1928

Die früheste Phase des Kinos, in etwa die Zeit zwischen 1895 und 1907, wird häufig als ›primitive cinema‹ bezeichnet. Während dieses Zeitraums war Großbritannien eine, wenn nicht gar *die* führende Filmnation. Die Kreativität, die Experimentierfreude und der Erfindungsreichtum britischer Filmpioniere, die technischen Apparate, die sie entwickelten, und die Filme, die sie mit ihrer Hilfe produzierten, gehörten zum Besten, was die Welt zu bieten hatte.

Dies blieb nicht immer so. Wie die folgenden Kapitel zeigen werden, gleicht die Geschichte der britischen Filmindustrie einer Achterbahnfahrt. Auf Phasen triumphaler internationaler Erfolge und euphorischer Aufbruchstimmung folgten existenzbedrohende Krisen. Immer wieder sah sich das Kino gewaltigen Herausforderungen ausgesetzt, etwa in den 1970er Jahren, als man einen Überlebenskampf gegen die Konkurrenz des Fernsehens führte. Auch heute, angesichts von Bedrohungsszenarien durch Streamingdienste und künstliche Intelligenz, geht das Kino einer ungewissen Zukunft entgegen. Die größte Herausforderung für den britischen Film war jedoch stets die Konkurrenz Hollywoods. Der ungleiche Wettbewerb führte nicht nur dazu, dass viele der besten britischen Regisseure – von Alfred Hitchcock bis Ridley Scott – in die USA abwanderten, sondern auch zu einer Überschwemmung des heimischen Markts durch englischsprachige Filme »made in USA«. Unter britischen Filmemachern wurde es zum geflügelten Wort, dass man es wesentlich leichter hätte, wenn in den USA Französisch gesprochen würde.

Von solchen Problemen war im Jahr 1895 noch nichts zu ahnen. Die wenigsten Pioniere hätten es sich träumen lassen, dass dem Film eine glorreiche Zukunft als Unterhaltungsmedium bevorstand, denn die Anfänge der neuen Technologie waren bescheiden. Die ersten öffentlich vorgeführten Filme dauerten üblicherweise knapp eine Minute. Sie bestanden aus einer einzigen, mit unbeweglicher Kamera gedrehten Einstellung und zeigten häufig Alltagsszenen, die heute banal erscheinen – seien es fahrende Züge, Meeresbrandung,

Straßenverkehr oder Handwerker bei der Arbeit. Allein die Projektion bewegter Bilder besaß zunächst genügend Sensationswert, um ein Publikum zu unterhalten. Bald kamen Filme hinzu, die aktuelle Ereignisse von öffentlichem Interesse dokumentierten, wie beispielsweise die Eröffnung des Nord-Ostsee-Kanals (OPENING OF THE KIEL CANAL, 1895) oder das 60-jährige Thronjubiläum von Königin Victoria (QUEEN VICTORIA'S DIAMOND JUBILEE, 1897). Darüber hinaus entstanden erste Filme mit einer rudimentären Spielhandlung, meist ein einfacher Sketch zur Belustigung des Publikums.

An ein nationales britisches Kino war zu jener Zeit noch nicht zu denken. Es gab keine übergeordneten Strukturen, keine filmischen Standards, keine organisierte Vermarktung. Alles passierte auf lokaler Ebene und auf persönliche Initiative einer Handvoll engagierter Filmpioniere. Die Mentalität der kleinen Familienunternehmen hielt sich noch lange und brachte die in größeren wirtschaftlichen Zusammenhängen denkenden US-amerikanischen Filmemacher in Vorteil.

Pioniere des britischen Films

1896 feierte ein junger Londoner namens Robert William Paul einen vielbeachteten Erfolg, als er mit einer selbstgebauten Kamera das berühmte Derby-Pferderennen filmte, mit dem Negativ nach London zurückeilte und den fertigen Film noch am selben Abend in der Alhambra Music Hall vorführte. Paul produzierte zwischen 1895 und 1910 weit über 700 Filme und wurde einer der wichtigsten und einflussreichsten britischen Vertreter des ›primitive cinema‹. Zu seinen Pionierleistungen zählte es, dass er Kamerateams in ferne Länder wie Skandinavien, Spanien, Ägypten und Südafrika entsandte und dem heimischen Publikum nie zuvor gesehene exotische Bilder präsentierte. Parallel hierzu erlangte er Berühmtheit als Spezialist für Trickfilme, in denen er mit unsichtbaren Schnitten, innovativen Kamerapositionen, animierten Miniaturmodellen, Doppelbelichtungen und Stop-Motion experimentierte, um fantastische oder gruselige Effekte zu erzielen, u.a. in THE HAUNTED CURIOSITY SHOP (1901), UNDRESSING EXTRAORDINARY (1901), UPSIDE DOWN

(1901) und, besonders spektakulär, in THE ›?‹ MOTORIST (1906), einer frühen Science-Fiction-Reise durch das Sonnensystem.

Andere Pioniere wie George Albert Smith und Cecil Hepworth loteten ebenfalls die Möglichkeiten des jungen Mediums aus und entwickelten erste Schritte zu einer Grammatik des Films. Ein Beispiel mag dies veranschaulichen: Anstatt eine Kamera auf einem Bahnsteig aufzustellen und einen ankommenden Zug zu filmen, positionierte man die Kamera an der Spitze eines fahrenden Zugs. Derartige, als *phantom ride* bezeichnete Filme waren beim viktorianischen Publikum sehr beliebt, denn eine Kamera, die sich tatsächlich durch den Raum bewegte, war eine neuartige Attraktion. Allerdings waren auch diese Filme noch ungeschnitten und bestanden aus einer einzigen, ununterbrochenen Einstellung. Um die Filme interessanter zu gestalten, revolutionierte George Smith die Filmsprache mit einem denkbar einfachen Verfahren, das darin bestand, einen beliebigen *phantom ride*-Film in zwei Teile zu schneiden und dazwischen eine kurze Spielszene einzufügen, die er in seinem Studio in Brighton produzierte. In seinem Film THE KISS IN THE TUNNEL (1899) erfolgte der Schnitt, als der Zug in einen Tunnel fährt. Das Bild wird zunächst schwarz, dann sieht man, was sich in einem der Zugabteile abspielt: Ein elegant gekleidetes Ehepaar nutzt die Dunkelheit des Tunnels aus, um gegen den strengen viktorianischen Moralcodex zu verstoßen. Der Mann steht auf, gibt seiner Frau eilig ein paar verschämte Küsse auf die Wangen und setzt sich wieder hin, als ob nichts geschehen wäre. Die folgende, dritte Einstellung entstammt wieder dem ursprünglichen *phantom ride*-Film und zeigt, wie der Zug den Tunnel verlässt. Obwohl die beiden Filme zu verschiedenen Zeiten und an verschiedenen Orten gedreht wurden, erzeugte der Schnitt den Eindruck einer kontinuierlichen Handlung. Damit nahm Smith Strategien der Filmmontage vorweg, die seither selbstverständlich geworden sind.

THE KISS IN THE TUNNEL wurde so populär, dass noch im selben Jahr eines der frühesten Remakes produziert wurde: Der Engländer Esmé Collings drehte die gleiche Szene unter demselben Titel, mit dem Unterschied, dass das verliebte Paar diesmal nicht dem gehobenen Bürgertum, sondern der Arbeiterklasse angehörte und leidenschaftlicher zur Sache ging. Zum Erfolg beider Filme trug zweifellos das voyeuristische Moment bei, das es den Zuschauern ermöglichte, in die private Sphäre zweier Menschen einzudringen und sie bei einer intimen Handlung zu beobachten. Diesen Aspekt behandelte Smith wenig später noch expliziter, indem er den Voyeurismus selbst zum Gegenstand seines Films AS SEEN THROUGH A TELESCOPE (1900) machte, der ebenfalls aus drei Einstellungen bestand. Bei der ersten und dritten Einstellung handelte es sich jeweils um eine Totale, deren Bildaufbau für damalige Verhältnisse ungewöhnlich gestaltet war, denn das Bild war in Vorder- und Hintergrund gestaffelt, wo sich simultan zwei verschiedene Handlungen abspielten. Im Vordergrund sah man einen Mann, der mit einem Fernrohr hantiert, im Hintergrund ist ein Mann einer Dame dabei behilflich, ihren Schnürsenkel zu binden. In der ersten Einstellung richtet der Mann im Vordergrund sein Fernrohr auf das Pärchen. Als zweite Einstellung folgt eine Nahaufnahme des Fußknöchels der Frau. Dieses Bild ist von einer Kreisblende umrahmt, so dass der Eindruck entsteht, als schaue man durch das Fernrohr. Dadurch setzte Smith das Publikum explizit mit der Rolle des Voyeurs gleich – ein für die damalige Zeit ebenso kühner wie weitsichtiger Schritt, denn die Erkenntnis, dass der Kinobesuch ein Akt des Voyeurismus ist, war noch nicht formuliert.

Vieles aus der Frühzeit des britischen Films ist verloren gegangen oder in Vergessenheit geraten, wie etwa der Pionier William Friese-Greene, der bereits 1889, Jahre vor dem Amerikaner Thomas Edison und den französischen Brüdern Lumière ein Patent auf einen funktionierenden Kinematografen anmeldete. Die Anerkennung blieb ihm versagt und er starb völlig verarmt. Immerhin setzte ihm der Regisseur John Boulting 30 Jahre nach Friese-Greenes Tod ein Denkmal mit dem starbesetzten Biopic THE MAGIC BOX (1951), einem Film, der einem heutigen Publikum auf beeindruckende Weise vor Augen führt, wie groß die Attraktion bewegter Bilder im späten 19. Jahrhundert war. Unzählige Zeugnisse dieser frühen

Filmkunst existieren nicht mehr, doch die Filme, die erhalten geblieben sind, lassen erkennen, dass sich vor allem die Entwicklung des Spielfilms in einem atemberaubenden Tempo vollzog. Von frühen Sketchen und kurzen Spielszenen wie Robert Pauls THE SOLDIER'S COURTSHIP (1896) bis zu deutlich längeren und komplexeren Erzählungen vergingen nur wenige Jahre. Ein besonders eindrucksvolles Werk produzierte Cecil Hepworth mit dem knapp 7-minütigen Film RESCUED BY ROVER (1905), der in 21 Einstellungen an 11 verschiedenen Schauplätzen spielte und dabei gänzlich ohne die damals üblichen Zwischentitel auskam. RESCUED BY ROVER beginnt mit einer dreisten Kindesentführung, die die Eltern in Verzweiflung stürzt. Der Familienhund Rover spürt, was geschehen ist, nimmt die Spur des gekidnappten Babys auf, macht das Versteck der Kidnapperin ausfindig, läuft zurück nach Hause, alarmiert den Vater und führt ihn zu dem Versteck. Auf diese Weise wird das Kind befreit, und die Familie ist wieder glücklich vereint. Was den Film für seine Zeit so fortschrittlich machte, war vor allem seine ausgeklügelte, symmetrische Struktur, doch wie laienhaft die Filmproduktion letztlich immer noch war, zeigt die Tatsache, dass Hepworth die meisten Rollen von seinen Familienmitgliedern spielen ließ, einschließlich Baby und Hund.

In dieser frühen Phase waren die Briten der Konkurrenz aus den USA oft einige Schritte voraus, und nicht selten kopierten US-amerikanische Produzenten deren Ideen, beispielsweise Robert Pauls Einfall, ein Zugunglück mit Modelleisenbahnen zu simulieren (A RAILWAY COLLISION, 1900). Doch obwohl der britische Stummfilm einige immens populäre Stars wie Betty Balfour, Clive Brook, Gladys Cooper, Ivor Novello, Alma Taylor und Chrissie White hervorbrachte, hatte England den überlegenen finanziellen Ressourcen der amerikanischen Filmindustrie auf lange Sicht wenig entgegenzusetzen. Es fand ein Verdrängungswettbewerb statt, der dazu führte, dass Mitte der 1920er Jahre über 90 Prozent der in britischen Kinos gezeigten Filme US-amerikanischer Herkunft waren. Diese als ›Kolonisierung‹ beklagte Entwicklung rief schließlich sogar die britische Regierung auf den Plan. Doch anstatt, wie in anderen Ländern üblich, die heimische

Filmwirtschaft zu subventionieren, verabschiedete man 1927 ein Quotengesetz, das Verleiher und Kinos dazu verpflichtete, einen bestimmten Prozentsatz britischer Produktionen in ihr Programm aufzunehmen, der sich von 7,5% im Jahr 1929 auf 20% im Jahr 1936 steigern sollte. Dieses zweischneidige Gesetz ließ den Anteil britischer Filme bis 1936 auf 29,5% emporschnellen und sorgte dafür, dass viele junge Talente in der Filmindustrie Beschäftigung fanden. Andererseits bewirkte das Gesetz jedoch, dass zahllose minderwertige Filme, sogenannte ›Quota Quickies‹, produziert wurden, nur um die Quote zu erfüllen. Das Gesetz erwies sich somit als Bumerang: Anstatt heimische Filme durch hohe Qualität international wettbewerbsfähig zu machen, senkte es deren Niveau. Schlimmer noch: Die Quota Quickies schienen das Vorurteil des Publikums zu bestätigen, dass britische Filme der amerikanischen Konkurrenz qualitativ unterlegen seien. Ein gutes Argument gegen dieses Vorurteil war ein junger Regisseur, der im selben Jahr, als das Quotengesetz verabschiedet wurde, seinen ersten großen Filmerfolg feierte. Der Film hieß THE LODGER, und sein Regisseur war Alfred Hitchcock.

Alfred Hitchcocks Stummfilme

Nach eigener Aussage sah sich Hitchcock zunächst nicht in der Rolle eines Regisseurs. Er begann als Zeichner von Titelkarten für Stummfilme und machte sich bald als Drehbuchautor, Set Designer und Regieassistent im Filmstudio unentbehrlich, bevor der vorausschauende Produzent Michael Balcon dem talentierten jungen Mann einen Regiesessel anbot. Um seinen ersten Film, THE PLEASURE GARDEN (1925), zu drehen, wurde Hitchcock in die Münchener Emelka Studios (später Bavaria) geschickt, wo er Gelegenheit hatte, die deutschen Expressionisten Friedrich Wilhelm Murnau und Fritz Lang zu studieren, die ihn nachhaltig inspirierten. Noch mehr Einfluss auf Hitchcocks Werk hatte seine spätere Ehefrau Alma Reville, die lebenslang eng mit ihm zusammenarbeitete und in den Credits zu THE PLEASURE GARDEN als Assistant Director eine angemessene Würdigung fand. Ihre maßgebliche Rolle in Hitchcocks Karriere als Autorin, Cutterin und wichtigste Ratgeberin kam auch in dem Biopic HITCHCOCK (2012) zum Ausdruck, wo das Ehepaar von Anthony Hopkins und Helen Mirren dargestellt wurde.

Der Beginn von THE PLEASURE GARDEN wirkt wie ein Motto für Hitchcocks filmisches Schaffen. Eine Gruppe leichtbekleideter Revuegirls betritt eine Theaterbühne. In der ersten Reihe sitzt ein älterer Herr, dessen Kurzsichtigkeit ihm nur einen verschwommenen Blick auf die Damen gewährt. Er greift daher zu einem Fernglas, um sich an den Beinen der Tänzerinnen zu ergötzen. Hitchcock zeigt dies in einer Point-of-View-Einstellung durch das Fernglas, genauso wie es 25 Jahre zuvor George Smith in AS SEEN THROUGH A TELESCOPE tat. Bereits in der allerersten Minute seines ersten Films stellte Hitchcock somit klar, dass Kino sehr viel mit Voyeurismus zu tun hat, und er hat seinem Publikum diesbezüglich immer wieder vergnüglich den Spiegel vor Augen gehalten.

Eine von Hitchcocks großen Leistungen war es, das Medium Film von Anfang an als eine eigenständige Kunstform zu betrachten, die eigenen Regeln gehorcht. Deutlich wurde diese Überzeugung schon in dem zwei Jahre nach seinem Debüt inszenierten Thriller THE LODGER: A STORY OF THE LONDON FOG (1927), einem Film, der von der Kritik enthusiastisch gefeiert wurde und seinen Regisseur schlagartig berühmt machte. Der Meister selbst bezeichnete THE LODGER als den »ersten echten Hitchcockfilm«. Der Suspense-Thriller besaß die für Hitchcock typische Mischung aus spannender Unterhaltung und innovativer Filmkunst, und er beinhaltete bereits viele Motive, die in seinen späteren Filmen immer wieder auftauchten: erstens der zu Unrecht eines Mordes beschuldigte Held (hier: Ivor Novello), der von der Polizei gejagt wird und selbst den wahren Täter jagt, um seine Unschuld zu beweisen; zweitens die attraktive, kühle Blondine an seiner Seite (hier: June Tripp); drittens die sexuell konnotierten Symbole und Fetische (hier: Handschellen und Frauenbeine), der voyeuristische Blick (hier: der Protagonist, der durchs Schlüsselloch eine Frau in der Badewanne beobachtet) und vor allem viertens die Entschlossenheit, die Geschichte weitestgehend durch Bilder zu vermitteln.

Zwischen 1927 bis 1929 drehte Hitchcock noch sechs weitere Stummfilme, auf die er, mit Ausnahme des visuell ideenreichen Liebesdramas THE RING (1927), rückblickend nicht sonderlich stolz war. Die Komödie CHAMPAGNE (1928), immerhin mit Betty Balfour, der populärsten britischen Schauspielerin der 1920er Jahre in der Hauptrolle, bezeichnete er sogar als den absoluten Tiefpunkt seiner Karriere.

3 Stars und Studios des frühen Tonfilms: 1929–1939

Die Einführung des Tonfilms

Einen letzten Höhepunkt des britischen Stummfilms setzte der Regisseur Anthony Asquith mit dem Krimi A COTTAGE ON DARTMOOR (1929). Ausgerechnet Asquith, dessen Name später untrennbar mit dialoglastigen Adaptionen von Theaterstücken wie George Bernard Shaws PYGMALION (1938), Terence Rattigans THE WINSLOW BOY (1948) und Oscar Wildes THE IMPORTANCE OF BEING EARNEST (1952) verbunden war, schuf mit A COTTAGE ON DARTMOOR ein stummes Meisterwerk, dessen Wirkung ganz auf Bildsprache, Kameraführung und Schnitt basierte. In einer ausführlichen Sequenz des Films kommentierte Asquith explizit das Ende der Stummfilmära: Die beiden Hauptdarsteller (Norah Baring, Hans Schlettow) besuchen eine Kinovorstellung, bei der nacheinander ein Stummfilm und ein Tonfilm – ein sogenannter ›talkie‹ – gezeigt werden. Während der Vorführung des Stummfilms herrscht fast Volksfeststimmung im Publikum. Zur Begleitmusik einer Live-Kapelle agieren die Zuschauer fröhlich und unbeschwert, doch mit Beginn des Tonfilms kühlt die Atmosphäre schlagartig ab. Der Film scheint die Zuschauer zu überfordern, ihre Mienen drücken Skepsis und Langeweile aus. Diese Sequenz lässt erahnen, wie gravierend der Paradigmenwechsel vom Stummfilm zum Tonfilm für das zeitgenössische Publikum tatsächlich war.

Auch Alfred Hitchcock stand der Einführung des Tonfilms kritisch gegenüber. Sein Credo lautete, dass man als Filmemacher stets versuchen sollte, eine Geschichte mit rein visuellen Mitteln zu erzählen. Längere Dialogszenen bezeichnete er verächtlich als »Fotografieren von redenden Leuten«. Dennoch war er weitblickend und experimentierfreudig genug, um sich die neue Technologie sofort nutzbar zu machen. Seinen zweiten Thriller, BLACKMAIL (1929), konzipierte er mit Ton, sodass dieser bei seiner Premiere als erster britischer Tonfilm in die Geschichte einging. Dabei nutzte Hitchcock den Ton nicht bloß für Dialoge und Geräusche, sondern setzte ihn innovativ als künstlerisches Gestaltungsmittel ein, beispielsweise um den Gemütszustand der Protagonistin Alice White (Anny Ondra) zu verdeutlichen. Eine bekannte Szene des Films spielt am heimischen Frühstückstisch, nachdem Alice nachts zuvor einen Künstler, der sie vergewaltigen wollte, mit einem Messer erstochen hat. Die Konversation bei Tisch dreht sich darum, was bisher über den Mord berichtet wurde, doch die schwer traumatisierte Alice nimmt nur ein undeutliches Gemurmel wahr, lediglich das häufig vorkommende Wort »Messer« dringt jedesmal überlaut in ihr Bewusstsein.

Die Einführung des Tonfilms brachte viele technische Schwierigkeiten mit sich, die von dem lauten Laufgeräusch der Kameras bis zur Umrüstung der Kinosäle reichten. Bei den Dreharbeiten zu BLACKMAIL bestand für Hitchcock ein konkretes Problem darin, dass seine tschechisch-stämmige Hauptdarstellerin Anny Ondra (die spätere Ehefrau des deutschen Boxweltmeisters Max Schmeling) kein akzentfreies Englisch sprach. Da die Möglichkeit einer Nachsynchronisation noch nicht existierte, musste ihr Text live von einer in den Kulissen verborgenen englischen Schauspielerin gesprochen werden, während Ondra den Text stumm simulierte.

Angesichts der Tatsache, dass Hitchcock heute wie kaum ein zweiter Regisseur mit dem Genre des Suspense-Thrillers assoziiert wird, überrascht es, dass sich unter seinen ersten siebzehn Filmen nur drei Thriller befanden. Überwiegend drehte er zu jener Zeit Dramen, Komödien und sogar zwei Musicals. Nur wenige dieser Filme konnten überzeugen, und

Hitchcocks Karriere geriet in eine ernste Schieflage. Der Wendepunkt kam 1934, als er begann, einen Zyklus von sechs Filmen zu inszenieren, die als das ›Thriller-Sextett‹ berühmt wurden: THE MAN WHO KNEW TOO MUCH (1934), THE 39 STEPS (1935), SECRET AGENT (1936), SABOTAGE (1936), YOUNG AND INNOCENT (1937) und THE LADY VANISHES (1938). Wenngleich Hitchcock YOUNG AND INNOCENT später zu seinem Favoriten erklärte, ist THE 39 STEPS sein populärster und auch bester britischer Film, der einige Motive aus THE LODGER aufgriff und weiterentwickelte. So tauchte erneut das Motiv der Handschellen auf, doch diesmal fesselten sie nicht nur die Hände des mordverdächtigen Protagonisten (Robert Donat), sondern ketteten ihn an die völlig unbeteiligte Protagonistin (Madeleine Carroll), was nicht nur Anlass für eine Reihe gewollt delikater Szenen gab, sondern auch Rückschlüsse auf Hitchcocks Auffassung über das Eheleben zuließ. Weil er es zudem liebte, seinen Schauspielern Streiche zu spielen, versteckte Hitchcock einmal nach Drehschluss die Schlüssel für die Handschellen. Die zukunftsweisende Erfolgsformel von THE 39 STEPS lag darin, dass Hitchcock die Geschichte in einem für damalige Verhältnisse rasanten Tempo erzählte und dafür ganz bewusst den Aspekt der Wahrscheinlichkeit der Ereignisse über Bord warf. Mit seinen erfolgreichen Thrillern rückte der vielversprechende Regisseur in den Fokus Hollywoods, und vier Jahre nach THE 39 STEPS verließ er England auf dem Weg zu einer kometenhaften Karriere. Nur wenige Male kehrte er in sein Geburtsland zurück, um dort die Filme UNDER CAPRICORN (1949), STAGE FRIGHT (1950) und FRENZY (1972) zu drehen.

Alexander Korda und die Filmstars der 1930er Jahre

Noch stärker als von Hitchcock wurde der britische Film der 1930er Jahre von dem Produzenten und Regisseur Alexander Korda geprägt. Nach Lehrjahren in Budapest, Wien, Berlin, Hollywood und Paris ließ sich der gebürtige Ungar 1931 in England nieder, um das britische Filmschaffen ins internationale Rampenlicht zu rücken. Dieses Vorhaben verfolgte der charismatische Kosmopolit mit großer Konsequenz. Innerhalb weniger Jahre gründete er die Produktionsfirma London Films (deren Logo mit dem Glockenturm Big Ben weltberühmt wurde), schloss einen Kooperationsvertrag mit United Artists, holte das größte europäische Versicherungsunternehmen als finanzkräftigen Investor an Bord und gründete im Londoner Westen die Studiostadt Denham, das größte Filmstudio Großbritanniens und das modernste Europas. All dies füllte er mit menschlichem Potenzial. Nach dem Vorbild Hollywoods stellte er ein Ensemble junger Schauspieltalente zusammen, die er entdeckte und förderte. Zu ihnen gehörten Robert Donat, Vivien Leigh, Merle Oberon, Laurence Olivier und Ralph Richardson, die schnell zu gefeierten Stars heranwuchsen. Auch für Kamera, Schnitt, Kulissenbau und Musik holte Korda internationale Spitzenkräfte in sein Filmimperium. In diesem perfekten Umfeld fehlten nur noch die passenden Filme – und Korda lieferte.

Schon die zweite Produktion von London Films, THE PRIVATE LIFE OF HENRY VIII (1933), wurde ein Mega-Erfolg. Das Biopic schildert das letzte Jahrzehnt im Leben Heinrichs VIII. (Charles Laughton) und porträtiert den berüchtigten Tudorkönig dabei als notorischen Schürzenjäger. Die Handlung beginnt im Jahr 1536 mit der Hinrichtung von Heinrichs zweiter Ehefrau, Anne Boleyn (Merle Oberon), und endet während seiner sechsten Ehe, die er 1543 mit Catherine Parr (Everley Gregg) schloss. Neben der qualitativ hochwertigen Ausstattung wurde der Film maßgeblich durch die dominante Ausstrahlung von Charles Laughton geprägt, der für seine fulminante Darstellung den ersten Oscar für einen britischen Film gewann. Heinrichs vierte Frau, Anna von Kleve, wurde von Laughtons Ehefrau Elsa Lanchester gespielt, mit der er in zwölf Filmen gemeinsam auftrat.

Kordas Kalkül, die Weltpremiere von THE PRIVATE LIFE OF HENRY VIII im Oktober 1933 nicht in London, sondern in der New Yorker Radio City Music Hall stattfinden zu lassen, zahlte sich aus. Die 60.000 Pfund teure Produktion brach dort den Kassenrekord und spielte weltweit auf Anhieb 500.000 Pfund ein. Mit diesem Durchbruch gelang es Korda, Großbritannien für einige Jahre ins internationale Rampenlicht zu rücken und als ernsthaften Konkurrenten Hollywoods zu

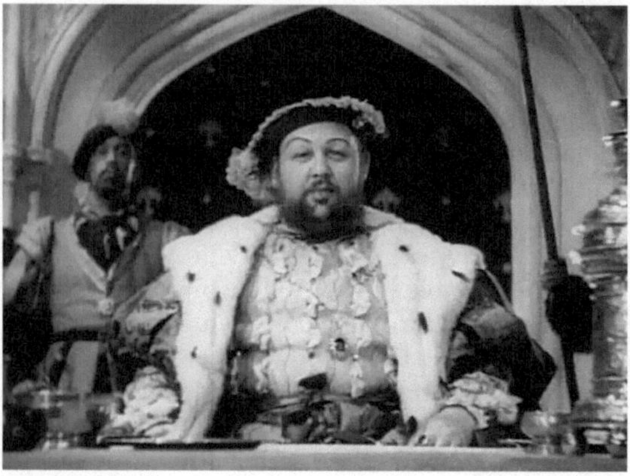

Charles Laughton als König Heinrich VIII.

etablieren. Der beispiellose Erfolg von THE PRIVATE LIFE OF HENRY VIII inspirierte zahlreiche Nachfolgefilme über britische Königshäuser. Die Schauspielerin Anna Neagle trat gleich in mehreren dieser Filme auf. In NELL GWYNN (1934) spielte sie die Titelrolle der ungenierten Mätresse des Stuartkönigs Charles II., und zweimal verkörperte sie Königin Victoria in VICTORIA THE GREAT (1937) und SIXTY GLORIOUS YEARS (1938). Alle drei Filme wurden von dem Produzenten und Regisseur Herbert Wilcox inszeniert. Wilcox, ein international denkender Entrepreneur vom Schlage Alexander Kordas, protegierte Anna Neagle und baute sie ab GOOD NIGHT, VIENNA (1932) zum Topstar auf. Gemeinsam drehten die beiden 32 Filme und heirateten 1943. Nach dem Weltkrieg feierten sie große Erfolge mit Londoner Gesellschaftskomödien wie SPRING IN PARK LANE (1948) und MAYTIME IN MAYFAIR (1949).

Mit dem Künstlerfilm REMBRANDT (1936) inszenierte Alexander Korda ein weiteres Meisterwerk. Erneut mit Charles Laughton in der Hauptrolle zeigte der Film, wie der niederländische Maler nach der feindseligen Rezeption seines Gemäldes *Die Nachtwache* als verarmter Mann stirbt. REMBRANDT begründete gewissermaßen eine Tradition britischer Filme über berühmte Maler, die bis zu Derek Jarmans CARAVAGGIO (1986), Peter Webbers GIRL WITH A PEARL EARRING

(2003), Mike Leighs MR. TURNER (2014) und Tom Hoopers THE DANISH GIRL (2015) reicht. Korda verlegte sich fortan von der Regie stärker auf die Filmproduktion und realisierte Filme wie das Historien-Epos THE RISE OF CATHERINE THE GREAT (1934), den Abenteuerfilm THE SCARLET PIMPERNEL (1934) und die Geisterkomödie THE GHOST GOES WEST (1935), die allesamt herausragende Erfolge wurden. Sein ambitioniertester Film, THINGS TO COME (1936), eine allegorische Warnung vor dem drohenden Weltkrieg, basierend auf einem Science-Fiction-Roman von H. G. Wells, wurde hingegen einer seiner wenigen Flops.

Kordas Bruder Zoltan war ebenfalls Regisseur und spezialisierte sich auf exotische Abenteuerfilme wie SANDERS OF THE RIVER (1935), ELEPHANT BOY (1937), THE DRUM (1938) und THE FOUR FEATHERS (1939). Ungeachtet der enormen Popularität und der technischen Leistungen dieser Filme machen sie heute auch betroffen angesicht der Tatsache, wie unverhohlen dort eine imperialistische Ideologie vertreten wurde.

The Age of the Dream Palace, so nannte der Historiker Jeffrey Richards sein Standardwerk über die britische Gesellschaft in den 1930er Jahren und die wichtige Rolle, die das Kino darin spielte. Der Buchtitel bezieht sich auf die opulent ausgestatteten Filmpaläste jener Zeit, die das Publikum massenhaft anzogen. Unzweifelhaft waren damals regelmäßige Kinobesuche die beliebteste Form der Freizeitunterhaltung der britischen Bevölkerung. Die Ticketverkäufe stiegen kontinuierlich und übertrafen 1940 erstmals die Milliardengrenze. Die Begeisterung für Filme war so groß, dass die christliche Kirche das Kino als Konkurrenz zu betrachten begann und Kampagnen gegen diese alternative »Religion des Antichristen« führte, welche die Menschen mit Traumbildern von Luxus und Sünde verführen wolle.

Ein zentrales Element dessen, was die Produkte der Traumfabriken so faszinierend machte, waren die Stars, die das Publikum bewundern und mit denen es sich identifizieren konnte. In den 1930er Jahren waren es insbesondere Gracie Fields und George Formby, die an Popularität alle anderen in den Schatten stellten und doch jenseits der Landesgrenzen kaum wahrgenommen wurden. Beide stammten aus der nordenglischen Arbeiterklasse und hatten sich einen Namen als Varietékünstler gemacht, bevor sie zum Film gingen. Gracie Fields' Karriere, die von 1931 bis 1945 dauerte, war einzigartig. In Komödien wie SALLY IN OUR ALLEY (1931), LOVE, LIFE & LAUGHTER (1934), SING AS WE GO! (1934) und LOOK UP AND LAUGH (1935) verkörperte sie die optimistisch zupackende Frau aus dem Volk und wurde zur Heldin der Kinogänger aus der Arbeiterschicht. Schnell rückte sie jedoch dank ihrer natürlichen Art und ihres Gesangstalents in den Rang eines nationalen Symbols über alle Klassenschranken hinweg, aus Gracie Fields wurde »Our Gracie«. Als höchstbezahlte britische Schauspielerin ihrer Zeit belegte sie in Publikumsumfragen mehrmals Platz 1 der populärsten Filmstars, bevor sie von George Formby abgelöst wurde, der den Spitzenplatz von 1938 bis 1943 innehielt. In seinen Filmen verkörperte Formby den etwas naiven, aber sympathischen Underdog, der sich mit sonnigem Gemüt und unerschütterlichem Optimismus durchs Leben kämpft und am Ende als Sieger aus allen Konflikten hervorgeht, obwohl er eigentlich chancenlos war. Formbys Markenzeichen waren seine zahlreichen schlüpfrigen Filmsongs, zu denen er sich auf der Ukulele begleitete. Einige dieser Songs (z. B. der äußerst populäre »When I'm Cleaning Windows«) wurden aufgrund offensichtlicher sexueller Anspielungen von der BBC verboten. Zu den beliebtesten der elf Filme, die Formby für die Ealing Studios drehte, zählten NO LIMIT (1935), KEEP YOUR SEATS, PLEASE! (1936), LET GEORGE DO IT! (1940) und TURNED OUT NICE AGAIN (1941).

Die als »Tanzgöttin« verehrte Jessie Matthews war kaum weniger populär als Gracie Fields und George Formby, und im Gegensatz zu diesen wurde sie auch in den USA als Star gefeiert. Mit großen Kulleraugen und einer elfenhaften Erscheinung strahlte Matthews eine einzigartige Mischung aus Unschuld und Sinnlichkeit aus. Sie trat in frühen Filmen von Alfred Hitchcock (WALTZES FROM VIENNA, 1934) und Carol Reed (CLIMBING HIGH, 1938) auf und spielte mehrfach unter der Regie von Victor Saville (z. B. THE GOOD COMPANIONS, 1933) und ihres damaligen Ehemanns Sonny Hale (z. B. HEAD

Over Heels, 1937). Matthews begann ihre Laufbahn auf den Theaterbühnen des Londoner West End, wo sie sich auf Musicals spezialisierte, und dieses Genre wurde später auch ihre filmische Heimat. Der Produzent Michael Balcon nahm sie 1932 unter Vertrag und formte sie zielstrebig zu einem Filmstar nach dem Vorbild Hollywoods. Da sie unverkennbares Star-Appeal besaß und zudem eine begnadete Tänzerin war, gab es konkrete, jedoch vergebliche Versuche der Hollywoodstudios RKO und Columbia, sie mit Fred Astaire zu einem filmischen Traumpaar zu vereinen.

4 Kriegsfilme und die Goldenen Jahre: 1940–1949

Der Ausbruch des Zweiten Weltkriegs hatte einschneidende Auswirkungen auf die britische Filmindustrie. Das Kino wurde mehr denn je zu einem Massenphänomen. Die verkauften Eintrittskarten kletterten bis 1946 auf über 1,6 Milliarden pro Jahr. (Anschließend erfolgte ein anhaltender Rückgang bis zum Allzeittief 1984, als die britischen Kinos lediglich 54 Millionen Tickets verkauften. Seither stiegen die Zahlen wieder an und pendelten sich bis zur pandemiebedingten Schließung der Kinos im Jahr 2020 bei rund 170 Millionen ein.) Ungeachtet der hohen Besuchszahlen sackte die Filmproduktion in den Kriegsjahren rapide ab. Wurden 1936 noch 192 Filme im Vereinigten Königreich produziert, fiel diese Zahl auf ganze 43 Filme im Jahr 1945. Die Auswirkungen des Kriegs betrafen auch die Inhalte der Filme. Während die Produktion von Horrorfilmen eingestellt wurde, wuchs die Zahl der Kriegs- und Propagandafilme naturgemäß beträchtlich.

Kriegs- und Propagandafilme

Die zwischen 1939 und 1945 gedrehten Kriegsfilme, die nicht selten in direktem Regierungsauftrag und mit logistischer

Unterstützung des Militärs entstanden, dienten in erster Linie der Stärkung der Kriegsmoral und Wehrbereitschaft. Viele dieser Filme besaßen einen semi-dokumentarischen Ansatz, um ein realistisches Porträt des militärischen Alltags zu suggerieren. Anthony Asquiths actionreicher U-Boot-Film WE DIVE AT DAWN (1943) ist hierfür ein typisches Beispiel, ebenso wie das hoch gelobte Marinedrama IN WHICH WE SERVE (1942). Basierend auf dem wahren Schicksal des britischen Zerstörers HMS Kelly, der 1941 vor der Küste Kretas versenkt wurde, schrieb der Dramatiker Noël Coward das Drehbuch für IN WHICH WE SERVE. Coward übernahm auch eine Hauptrolle und versuchte sich erstmals als Regisseur, wurde dieser, wie er sich ausdrückte, »pingeligen Routine« aber schnell überdrüssig und übergab sie an seinen Cutter David Lean, der auf diese Weise seine jahrzehntelange Regielaufbahn startete.

IN WHICH WE SERVE wurde oft in einem Atemzug mit Carol Reeds THE WAY AHEAD (1944) genannt, wenn es darum ging, den Titel des definitiven britischen Films über den Zweiten Weltkrieg zu vergeben. THE WAY AHEAD verfolgt das Schicksal einer Handvoll Rekruten vom Moment ihrer Einberufung bis zum Kampfeinsatz gegen Rommels Panzerdivisionen in Nordafrika. Der Film zeigt, wie Männer mit unterschiedlichen sozialen Hintergründen und individuell verschiedenen Überzeugungen in eine homogene Kampftruppe verwandelt werden, die, ganz im Sinne der politischen Propaganda, von Kameraderie, Patriotismus und Heldenmut angetrieben wird.

Im Vergleich zu den zahlreichen Filmen über die Aktivitäten der Armee und der Royal Navy gab es während des Kriegs nur wenige filmische Porträts der Royal Air Force. Zu den Ausnahmen zählte Anthony Asquiths THE WAY TO THE STARS (1945), der das Leben auf einer Luftwaffenbasis während der Luftschlacht um England schilderte. In der Nachkriegszeit erschienen hingegen mehrere historische Rückblicke auf die Rolle der Air Force, darunter Michael Andersons THE DAM BUSTERS (1955), Lewis Gilberts REACH FOR THE SKY (1956) sowie der von Guy Hamilton aufwendig inszenierte BATTLE OF BRITAIN (1969). THE DAM BUSTERS, die Dramatisierung des historischen Versuchs der Royal Air Force, durch die Bombardierung mehrerer Talsperren einen Schlag gegen die deutsche Rüstungsindustrie zu führen, wurde der erfolgreichste britische Film des Jahrs 1955 und etablierte sich als einer der beliebtesten britischen Kriegsfilme überhaupt.

Die Filme über den Zweiten Weltkrieg spielten üblicherweise in einer rauen Männerwelt, in der alle Hauptrollen Männern vorbehalten waren. Frauen blieben in der Regel auf Nebenrollen beschränkt, meist als aufopferungsvolle Ehefrauen und Mütter, die daheim alles unter Kontrolle hielten, solange ihre Männer an der Front kämpften. Signifikante Ausnahmen bildeten der enorm populäre Propagandafilm MILLIONS LIKE US (1943) sowie die Komödien THE GENTLE SEX (1943) und TWO THOUSAND WOMEN (1944). Der von Sidney Gilliat und Frank Launder inszenierte MILLIONS LIKE US verdeutlichte in dokumentarischem Stil, dass auch Frauen für diverse Hilfsdienste zum Militär einberufen wurden. Die romantische Geschichte der Protagonistin Celia (Patricia Roc), die zur Arbeit in einer Rüstungsfabrik eingeteilt wird, diente dabei der Aufrechterhaltung der Wehrbereitschaft der weiblichen Bevölkerung in der trügerisch entspannten Zeit, nachdem die massiven Bombardements der deutschen Luftwaffe geendet hatten.

Eine interessante Sonderstellung bei der Produktion von Kriegsfilmen nahm Michael Powell ein. Einerseits schuf Powell so viele herausragende Kriegsfilme wie kein anderer britischer Regisseur, andererseits sperrte er sich gegen die üblichen Klischees der Propaganda und gab dem künstlerischen Anspruch stets den Vorrang vor politischen Vorgaben. Zwischen 1940 und 1946 inszenierte Powell – im Team mit dem ehemaligen Drehbuchautor Emeric Pressburger, mit dem er die Produktionsfirma The Archers gründete – eine eindrucksvolle Serie von sieben Filmen über den Zweiten Weltkrieg, meist im Auftrag des britischen Kriegsministeriums. Dass er diese Aufträge nicht immer zur Zufriedenheit der Politiker umsetzte, zeigte sich bereits in 49TH PARALLEL (1941), dessen Konzept, Charakterzeichnung und Produktionsqualität einen durchschnittlichen Kriegsfilm überragten. Sechs überlebende Besatzungsmitglieder eines vor der kanadischen Ostküste gesunkenen deutschen U-Boots versuchen, sich nach Süden in die damals noch neutralen USA durchzuschlagen. Auf ihrem Weg durch die Weiten Kanadas begegnen sie zahlreichen Menschen und werden dabei mit unterschiedlichen Lebensauffassungen und Gesellschaftskonzepten konfrontiert. Obwohl sich einige der Matrosen aggressiv und barbarisch verhalten, stellt sie der Film doch als menschliche Individuen dar und vermeidet eine Gleichsetzung von Deutschen und Nazis. Wenngleich es Einwände gab, wonach die Deutschen zu empathisch präsentiert würden, wurde 49TH PARALLEL von den meisten Kritikern gefeiert. Er erhielt eine Oscar-Nominierung in der Kategorie Bester Film, und an den britischen Kinokassen wurde er zum erfolgreichsten Film des Jahres. Powells nächstes Projekt, ONE OF OUR AIRCRAFT IS MISSING (1942), war ähnlich populär und erzählte eine vergleichbare Story, nur dass es diesmal britische Soldaten waren, die sich durch die besetzten Niederlande nach England durchschlagen mussten. Für das Originaldrehbuch erhielt Powell die einzige Oscar-Nominierung seiner Karriere.

THE LIFE AND DEATH OF COLONEL BLIMP (1943) gilt heute als Powells bester Kriegsfilm und als bedeutender Beitrag zum britischen Kino, dabei war er bei seinem Erscheinen äußerst umstritten. Legendär wurden die vergeblichen Versuche von Premierminister Winston Churchill, die Produktion des Films zu verhindern, die Dreharbeiten zu sabotieren und, als dies nichts half, seine Veröffentlichung zu unterbinden. In fast dreistündiger epischer Breite schildert COLONEL BLIMP die vier Jahrzehnte umspannende Freundschaft zwischen dem britischen Offizier Clive Candy (Roger Livesey) und dem deutschen Offizier Theo Kretschmar-Schuldorff (Anton Walbrook). Die beiden lernen sich zur Zeit des Burenkriegs in Berlin kennen, und ihre Freundschaft überdauert die beiden folgenden Weltkriege, obwohl sich ihre Nationen feindlich gegenüberstehen. Churchill störte sich an dieser differenzierten Darstellung, vor allem aber befürchtete er, dass Clive Candys veralteter Ehrenkodex das britische Militär in Zeiten des ›totalen Kriegs‹ der Lächerlichkeit preisgeben könnte.

Nach A CANTERBURY TALE (1944) und I KNOW WHERE I'M GOING! (1945) produzierten Powell und Pressburger den spektakulären A MATTER OF LIFE AND DEATH (1946), ein mit Fantasyelementen durchsetztes Liebesdrama um den britischen Kampfpiloten Peter (David Niven) und die amerikanische Funkerin June (Kim Hunter). Als Peter mit seinem Flugzeug abgeschossen wird, sollte er nach dem Plan der Vorsehung eigentlich sterben, doch der Engel, der ihn abholen soll, verirrt sich im englischen Nebel. Da Peter somit wundersamerweise überlebt, kommt es zu einem himmlischen Tribunal, bei dem ein amerikanischer Ankläger (Raymond Massey) und ein britischer Verteidiger (Roger Livesey) darüber streiten, ob Peter weiterleben darf. Dabei werden historische Rivalitäten und Vorurteile letztlich durch die Tatsache entkräftet, dass June und Peter einander lieben. Unmissverständlich diente A MATTER OF LIFE AND DEATH als Plädoyer für die Festigung der britisch-amerikanischen Freundschaft in der Nachkriegszeit.

Margaret Lockwood und die Gainsborough-Melodramen

Einen starken Kontrast zu den steifen, männlich dominierten Kriegs- und Propagandafilmen bildeten die Produktionen von Gainsborough Films. Die 1924 von Michael Balcon gegründete Produktionsfirma mit einem Studio im Londoner Ortsteil Islington erschuf in den letzten Kriegsjahren mit einer Reihe von Kostümfilmen wahre Kassenmagneten. Die bekanntesten von ihnen, Anthony Asquiths FANNY BY GASLIGHT (1944) und die von Leslie Arliss inszenierten THE MAN IN GREY (1943) und THE WICKED LADY (1945), brachten ihren Hauptdarstellern Phyllis Calvert, Stewart Granger, Margaret Lockwood und James Mason außergewöhnliche Popularität.

Insbesondere Margaret Lockwood wurde durch die Gainsborough-Filme zum größten britischen Filmstar der 1940er Jahre, und die intelligenten, starken Frauen, die sie oft verkörperte, begeisterten vor allem das weibliche Publikum. Ihre Laufbahn begann Lockwood als 18-Jährige in Basil Deans historischem Liebesdrama LORNA DOONE (1934). Im Lauf der 1930er Jahre trat sie in zwanzig Spielfilmen auf, meist in Hauptrollen, wie etwa in Carol Reeds MIDSHIPMAN EASY (1935), BANK HOLIDAY (1938) und A GIRL MUST LIVE (1939). Als Glanzpunkt dieser frühen Phase in Lockwoods

Karriere kann ihre Hauptrolle in Alfred Hitchcocks Spionagethriller THE LADY VANISHES gelten. Lockwood rückte nun zunehmend in den Blickpunkt der Kritik und wusste auch mit ihren Auftritten in Carol Reeds THE STARS LOOK DOWN (1940) und NIGHT TRAIN TO MUNICH (1940) zu beeindrucken. Am nachhaltigsten blieben ihre Rollen in THE MAN IN GREY und THE WICKED LADY in Erinnerung, wo sie verbrecherische Frauen spielte, die gewissenlos intrigierten und auch vor Mord nicht zurückschreckten. Ungewöhnlich für britische Filme waren einige sado-masochistische Szenen zwischen Lockwood und ihrem Filmpartner James Mason, der sie in den beiden Filmen würgte, vergewaltigte und zu Tode peitschte.

Zeitgenössische Kolleginnen wie Phyllis Calvert, Valerie Hobson, Jean Kent, Deborah Kerr, Ann Todd und sogar ihre Dauerrivalin Anna Neagle konnten Margaret Lockwood den Spitzenplatz unter den britischen Stars nicht streitig machen – allenfalls strahlte das damalige Traum-Ehepaar Vivien Leigh und Laurence Olivier noch mehr Glamour aus.

Da Gainsboroughs Melodramen unverhohlen auf reine Unterhaltung und Romantik abzielten, wurden sie von der Kritik oft verachtet und wegen ihres in den traumatischen Kriegszeiten als unangemessen erachteten Eskapismus angefeindet. Rückblickend fiel das Urteil der Kritik indes positiver aus, gerade weil sich Gainsboroughs Produktionen dem seinerzeit vorherrschenden maskulinen Realismus widersetzten, indem sie weibliche Perspektiven und starke, moralisch ambivalente Frauenfiguren ins Zentrum rückten.

Einige Produzenten kopierten das Konzept der Melodramen, und mit Abstand am erfolgreichsten tat dies Sydney Box mit THE SEVENTH VEIL (1945). Das Liebesdrama, in den Hauptrollen mit Ann Todd und James Mason, brach sämtliche Kassenrekorde – selbst 60 Jahre später verzeichnete es das British Film Institute (BFI) in seiner Liste der britischen Filme mit den meisten Ticketverkäufen noch immer unter den Top Ten. Der Lohn: Sydney Box erhielt gemeinsam mit seiner Frau Muriel Box den Oscar für das beste Originaldrehbuch, und 1946 wurde er zum Leiter der Gainsborough Studios berufen.

Die Rank Organisation und die ›Goldenen Jahre‹

Der Mann, der Sydney Box zum Chef von Gainsborough machte, war J. Arthur Rank, der wohl bedeutendste Produzent der britischen Filmgeschichte. Ranks weitsichtiger Ausbau der heimischen Filmindustrie und seine Förderung von Filmprojekten ermöglichten eine der künstlerisch fruchtbarsten Phasen des britischen Kinos. Viele große Regisseure, unter ihnen David Lean, Carol Reed und Michael Powell, sahen in Rank den Glücksfall eines Mäzens, der ihre Filme großzügig finanzierte und ihnen in kreativer Hinsicht vollkommen freie Hand ließ.

Ab Mitte der 1930er Jahre begann Rank mit dem Aufbau eines nie dagewesenen Filmimperiums. Dabei wurde ihm frühzeitig klar, dass eine vertikale Firmensruktur – d.h. die Vereinigung von Produktion, Verleih und Kinos unter einem gemeinsamen Dach – für eine größtmögliche Unabhängigkeit von entscheidender Bedeutung war. Dieses Ziel setzte er um, indem er 1935 den Verleih General Film Distributers gründete und Anteile an einer geplanten großflächigen Studioanlage auf dem neuesten technischen Stand erwarb, die mit den höchsten Hollywood-Standards mithalten konnte. Die Studios, die in Anspielung auf Hollywood selbstbewusst ›Pinewood Studios‹ getauft wurden, eröffneten im September 1936. Weltweite Berühmtheit erlangte Pinewood später als Produktionsstätte der James-Bond-Filme.

In den folgenden Jahren kaufte Rank weitere Studios von Konkurrenten, die in wirtschaftliche Schwierigkeiten gerieten oder sich aus dem Filmgeschäft zurückzogen. So erwarb er 1939 die Denham Studios von Alexander Korda und die Amalgamated Studios in Elstree, das Gainsborough Studio reihte sich zwei Jahre später in das Imperium ein. Parallel hierzu übernahm Rank die Kinoketten Odeon und Gaumont British und besaß damit landesweit 619 Kinos, deutlich mehr als die 442 ABC-Kinos seines größten Konkurrenten, John Maxwell.

Mit diesem eindrucksvollen Konglomerat war die 1937 ins Leben gerufene Rank Organisation optimal aufgestellt und konnte jedem Hollywood-Studio Paroli bieten. Nach dem

Ende des Zweiten Weltkriegs nahm die heimische Filmindustrie somit gut gerüstet den Wettbewerb mit dem mächtigen Konkurrenten USA auf, und für eine kurze Periode brach tatsächlich ein goldenes Zeitalter des britischen Films an. Eine beispiellose Welle der Kreativität und Qualität bescherte dem britischen Kino innerhalb weniger Jahre eine Vielzahl herausragender Klassiker. In der kurzen Phase von 1944 bis 1949 entstanden zahlreiche der wichtigsten Filme der Regiegeneration um Michael Powell, David Lean, Carol Reed und Laurence Olivier.

Der hauptsächlich als bedeutender Bühnen- und Filmschauspieler bekannte Laurence Olivier betätigte sich erstmals als Regisseur, als er mit HENRY V (1944), HAMLET (1948) und RICHARD III (1955) drei Shakespearedramen verfilmte und damit Qualitätsmaßstäbe setzte, die lange unerreicht blieben. Der patriotische HENRY V war mit einem Budget von 475.000 Pfund die bis dahin teuerste britische Filmproduktion und brachte Olivier für seine Dreifachfunktion als Regisseur, Produzent und Hauptdarsteller einen Ehrenoscar ein. Der Film besaß eine deutliche Rahmenstruktur, die in den Kulissen des elisabethanischen Globe Theaters begann und endete, und in deren Zentrum die historische Schlacht von Azincourt stand, in der der englische König seine Soldaten zu einem Sieg über ein zahlenmäßig weit überlegenes französisches Heer führte. Mit farbenprächtigen Außenaufnahmen stilisierte Olivier diese Schlacht zu einer berauschenden, aber auch verharmlosenden Allegorie des britischen Kampfs im Zweiten Weltkrieg.

Nach seiner langen Reihe von Kriegsfilmen markierte auch Michael Powell während der ›Goldenen Jahre‹ zwei künstlerische Höhepunkte seiner Karriere mit BLACK NARCISSUS (1947) und THE RED SHOES (1948). Inspiriert von Hans Christian Andersens Märchen *Die roten Schuhe* genießt THE RED SHOES bis heute den Ruf eines der besten je gedrehten Ballettfilme. Dabei stellte der Film durchaus ein Wagnis dar, denn Ballettfilme galten als kommerziell unattraktiv, zudem besetzte Powell die weibliche Hauptrolle mit der Schottin Moira Shearer, einer Ballerina ohne vorherige Schauspielerfahrung. Bei der ersten Vorführung des fertigen Films verließ

J. Arthur Rank, der die bis dahin teuerste Produktion der Archers mit 500.000 Pfund finanziert hatte, wortlos den Raum und ließ den Film nur in wenigen Kinos laufen. Dies führte dazu, dass Powell die Zusammenarbeit mit Rank beendete und zu Alexander Kordas London Films zurückkehrte. In den USA wurde THE RED SHOES hingegen der bis dahin erfolgreichste britische Film und lief zwei Jahre lang ununterbrochen am Broadway. Zudem erhielt er als erster britischer Film einen Oscar für die beste Filmmusik.

Auch David Leans Stern als Regisseur ging erst in der unmittelbaren Nachkriegsphase auf. Nur wenige Filme sind so tief im kollektiven britischen Gedächtnis verankert wie sein Liebesdrama BRIEF ENCOUNTER (1945). Dabei ist die Handlung wenig spektakulär. Sie erzählt die Geschichte von Laura Jesson (Celia Johnson) und Alec Harvey (Trevor Howard), zwei gewöhnlichen, verheirateten Menschen, die sich zufällig auf einem Bahnhof begegnen. In der Folgezeit treffen sich die beiden immer wieder, kommen sich näher und verlieben sich. Doch obwohl sie einander begehren, beginnen sie keine Affäre – zu mächtig sind die moralischen Skrupel, zu eng das Netz der sozialen Kontrolle. So

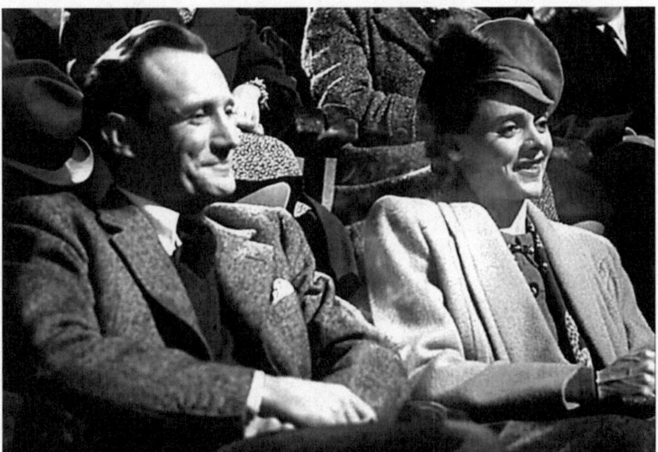

Heimliche Treffen im Kino: Trevor Howard und Celia Johnson

scheitert die unerfüllte Romanze nach wenigen Wochen, und ihre Wege trennen sich wieder. Dieser typisch englische Konflikt zwischen unterdrückter Leidenschaft und sozialen Zwängen stieß im Ausland oft auf Unverständnis, und auch in England wurden die selbstquälerischen Moralvorstellungen der Protagonisten rückblickend mit Skepsis betrachtet. Dennoch gilt BRIEF ENCOUNTER nach wie vor als einer der typischsten britischen Filme aller Zeiten, er belegt Platz 2 in der 1999 veröffentlichten BFI-Liste der 100 besten britischen Filme.

Nachdem er für BRIEF ENCOUNTER als erster Brite eine Oscar-Nominierung in der Kategorie Beste Regie erhalten hatte, verfilmte Lean mit GREAT EXPECTATIONS (1946) und OLIVER TWIST (1948) zwei Charles Dickens-Romane und untermauerte damit endgültig sein Renommee eines Ausnahmetalents. Die atmosphärisch dichten Schwarzweißfilme zählen bis heute zu den besten Dickens-Adaptionen überhaupt und gelten als Musterbeispiele für Literaturverfilmungen. GREAT EXPECTATIONS war zugleich das Filmdebüt des Schauspielers Alec Guinness und der Beginn seiner jahrzehntelangen, nicht immer ungetrübten Zusammenarbeit mit David Lean. Guinness' Auftritt in OLIVER TWIST in der Rolle des jüdischen Hehlers Fagin löste politische Kontroversen aus. Während der Film in Ländern wie Großbritannien, Frankreich, Schweden und Kanada ohne Beanstandungen in den Kinos lief, wurde in Deutschland, Israel und den USA der Vorwurf antisemitischer Tendenzen laut, der eine Aufführung zunächst verhinderte. Dem US-Publikum wurde OLIVER TWIST erst 1951 in einer um 12 Minuten gekürzten Fassung zugänglich, und ein weiteres halbes Jahr verging, bevor eine deutsche Fassug veröffentlicht wurde, in der sogar 20 Minuten des Originals fehlten. Zahlreiche Szenen mit Guinness waren herausgeschnitten worden, was dazu führte, dass Leans brillianter Film nun über weite Strecken keinen Sinn mehr ergab. Unabhängig von den politischen Bewertungen erwies sich hier schon frühzeitig Alec Guinness' legendäre Wandlungsfähigkeit, die ihn zu einem der angesehensten britischen Schauspieler machte und ihm 1980 einen Ehrenoscar für seine Verdienste um die Schauspielkunst bescherte.

Mit Lean rivalisierte der nahezu gleichaltrige Carol Reed um den Ruf des bedeutendsten britischen Regisseurs der 1940er Jahre. Als 1942 Leans Debüt IN WHICH WE SERVE erschien, hatte Reed bereits dreizehn Filme inszeniert, darunter das von Kritik und Publikum gefeierte Drama THE STARS LOOK DOWN, das sich als einer der ersten britischen Spielfilme ernsthaft mit sozialen Missständen im Land befasste. Die in einer Katastrophe endende Geschichte um eine unsichere Zeche im nordenglischen Kohlerevier zeugte von Reeds Stärke, individuelle Schicksale und Grundfragen menschlichen Daseins darzustellen, eine Kunst, die er wenige Jahre später in den drei herausragenden Filmen ODD MAN OUT (1947), THE FALLEN IDOL (1948) und THE THIRD MAN (1949) perfektionierte.

ODD MAN OUT schildert die letzten acht Stunden im Leben des IRA-Kämpfers Johnny (James Mason), der einen Raubüberfall verübt, schwer verwundet wird und nach einer Odyssee durch die nächtlichen Straßen Dublins durch eine Polizeikugel stirbt. Das im expressionistischen Stil gefilmte Drama ist nach dem Muster einer griechischen Tragödie gestaltet, mit Johnny als tragischem Helden, der durch eine verhängnisvolle Fehlentscheidung eine Ereigniskette in Gang setzt, die ihn unaufhaltsam der strafenden Gerechtigkeit zuführt. In dem vielschichtig interpretierbaren Film verwendete Reed zahlreiche Symbole, darunter die immer wieder ins Bild gerückte Uhr des Albert Memorial Clock Tower, die das unerbittliche Fortschreiten der Zeit und die Unentrinnbarkeit des Schicksals versinnbildlichte.

Mit THE THIRD MAN schuf Carol Reed einen Meilenstein der Filmgeschichte, der in der BFI-Liste der besten britischen Filme aller Zeiten Platz 1 belegte. Der Thriller spielt im zerbombten Wien der Nachkriegszeit, das noch unter alliierter Besatzung steht. Der Amerikaner Holly Martins (Joseph Cotten), ein verarmter Autor trivialer Westernromane, folgt der Einladung seines in Wien lebenden Jugendfreunds Harry Lime (Orson Welles), der ihm einen Job angeboten hat. Als Martins in Wien eintrifft, erfährt er, dass Lime bei einem Verkehrsunfall ums Leben kam. Der britische Major Calloway (Trevor Howard) behauptet zudem, dass Lime ein krimineller

Schwarzmarkthändler gewesen sei. Martins schenkt dem keinen Glauben und stellt Nachforschungen an, in deren Verlauf er herausfindet, dass Lime seinen Tod nur vorgetäuscht hat. Bei einem Treffen der beiden Freunde im Wiener Prater stellt sich heraus, dass Lime tatsächlich ein skrupelloser Verbrecher ist, der mit gestrecktem Penicillin handelt und dabei buchstäblich über Leichen geht. Martins willigt ein, für Calloway als Lockvogel zu arbeiten und Lime in eine Falle zu locken. Dabei kommt es zu einer Verfolgungsjagd durch die Wiener Kanalisation, wo Martins seinen Freund Lime schließlich erschießt.

Mehrere Szenen des Films wurden weltberühmt und hinterließen einen unvergesslichen Eindruck. Hierzu zählt neben der siebenminütigen Hetzjagd in den Tiefen der Kanalisation insbesondere die Fahrt im Riesenrad, die Lime und Martins bei ihrem Treffen im Prater unternehmen. Dort spielte Orson Welles seine starke Leinwandpräsenz voll aus und verlieh dem zynischen Schurken Harry Lime ein unwiderstehliches Charisma. Die Riesenrad-Szene endete mit dem legendären Kuckucksuhren-Monolog, den Welles angeblich spontan während der Dreharbeiten improvisierte: »In den dreißig Jahren unter den Borgias hat es nur Krieg gegeben, Terror, Mord und Blut. Aber dafür gab es Michelangelo, Leonardo da Vinci und die Renaissance. In der Schweiz herrschte brüderliche Liebe. Fünfhundert Jahre Demokratie und Frieden. Und was haben wir davon? Die Kuckucksuhr.«

Seine Wirkung verdankte THE THIRD MAN neben Welles' Schauspielkunst einer Vielzahl perfekt aufeinander abgestimmter Gestaltungsmittel. Hier ist an erster Stelle die oscarprämierte Kameraführung von Robert Krasker zu nennen, der zuvor schon BRIEF ENCOUNTER und ODD MAN OUT fotografiert hatte. Mit häufig gekippten Kamerawinkeln und scharfen Kontrasten zwischen Licht und Schatten prägte Krasker maßgeblich die Atmosphäre von Unsicherheit, Misstrauen und Zerfall. Auch der von Carol Reed zufällig entdeckte Wiener Zitherspieler Anton Karas trug mit seinem Soundtrack zur atmosphärischen Dichte bei und schuf mit dem berühmten Harry-Lime-Thema einen Klassiker der Filmmusik.

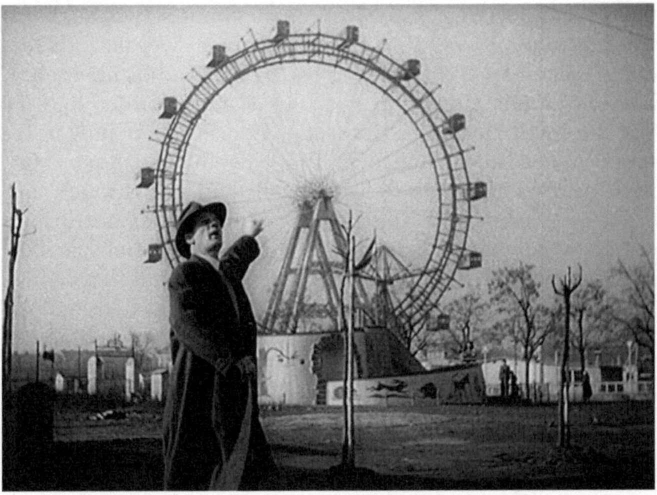

Holly Martins (Joseph Cotten) vor dem Riesenrad im Wiener Prater

THE THIRD MAN wurde als bester Film des Jahres mit einem BAFTA Award ausgezeichnet und gewann den Grand Prix beim Filmfestival in Cannes. Zudem wurde er auch in den USA zu einem kommerziellen Erfolg, was den Regisseur für Hollywood interessant machte. Nach mehreren Flops in England ging Carol Reed in die USA, wo er jedoch eher mittelmäßige Filme ablieferte. Einen letzten Triumph feierte er in England mit dem Musical OLIVER! (1968), einer *Oliver Twist*-Verfilmung, die für zwölf Oscars nominiert wurde, von denen sie u. a. die Trophäen für den besten Film und die beste Regie gewann. Reeds Rivale David Lean äußerte sich verbittert hierüber, denn sein künstlerisch überlegener Film OLIVER TWIST hatte zwanzig Jahre zuvor keine einzige Nominierung erhalten.

Die Ealing-Komödien

Laut dem *Guinnes Book of World Records* ist Ealing das älteste, durchgängig betriebene Filmtudio der Welt. Es wurde 1902 von Will Barker gegründet und steht seither am selben

Ort in Ealing Green im westlichen London, wo auch im 21. Jahrhundert weiterhin Filme produziert werden. Als Michael Balcon 1938 die Leitung der Ealing Studios übernahm, hatte er bereits eine eindrucksvolle Karriere hinter sich: Er galt als instinktsicherer Entdecker und Förderer junger Talente (u.a. Alfred Hitchcock, Ivor Novello und Jessie Matthews), hatte 1924 die Produktionsfirma Gainsborough Pictures gegründet und zudem die Studios Gaumont-British sowie MGM British geleitet. Balcon verstand sich als Botschafter der britischen Kultur, der bestrebt war, den heimischen Film international erfolgreich zu machen, jedoch nicht, indem er – wie Alexander Korda – im großen Maßstab Hollywood nacheiferte, sondern indem er kleinere Filme mit einem geringen Budget, aber von hoher Qualität produzierte, die typisch britische Themen behandelten und den *British way of life* authentisch widerspiegelten.

Während Balcons 20-jähriger Studioleitung ähnelte Ealing eher einem Familienbetrieb als einem industriellen Filmstudio. Er versammelte ein Team von Regisseuren und Drehbuchautoren, das über Jahre hinweg an vielen Produktionen des Studios beteiligt war und sich wöchentlich an einem runden Tisch traf, um gemeinsam Filmprojekte zu diskutieren. Unabhängigkeit, demokratische Strukturen, Teamgeist und Kontinuität wurden dabei groß geschrieben. Zwischen November 1938 und Dezember 1958 produzierte Balcon für Ealing 94 Spielfilme, die unterschiedlichsten Genres angehörten, vom Kriegsfilm (WENT THE DAY WELL?, 1942) über Horror (DEAD OF NIGHT, 1945), Thriller (PINK STRING AND SEALING WAX, 1945), Abenteuer (SCOTT OF THE ANTARCTIC, 1948) und Historienfilm (SARABAND FOR DEAD LOVERS, 1948) bis zum Krimi (THE BLUE LAMP, dem populärsten Film des Jahres 1950). Dennoch wird das Studio so stark mit Komödien assoziiert, dass die Begriffe ›Ealing‹ und ›Ealing Comedy‹ im kollektiven Gedächtnis fast synonym erscheinen. Als ›Ealing Comedy‹ im engeren Sinne wird ein Korpus von 17 Filmen bezeichnet, die als nationales Kulturgut und nostalgischer Inbegriff von Britishness gelten. Zwölf dieser Filme wurden von nur vier Regisseuren inszeniert, die zum Stammpersonal von Ealing gehörten: Charles Crichton, Charles Frend, Robert Hamer und Alexander Mackendrick.

Prototypisch zeigten PASSPORT TO PIMLICO (1949) und WHISKY GALORE! (1949) die für Ealing-Komödien typische Thematik einer Gemeinschaft kleiner Leute, die sich mit Solidarität und Beharrlichkeit gegen Drangsalierungen zur Wehr setzt. In diesen Kämpfen gegen staatliche Bürokratie oder mächtige Konzerne zelebrierten die Filme ein idealisiertes Bild von Gemeinsinn und Zusammenhalt, Toleranz und Fairness. Einige der Filme ersetzten die unbeschwerte Komik durch schwarzen, subversiven Humor, wie etwa Robert Hamers KIND HEARTS AND CORONETS (1949), der als eine der besten britischen Komödien überhaupt gilt und Platz 6 in der BFI-Liste der 100 besten britischen Filme belegte – als einzige Komödie unter den Top Zwanzig neben Mackendricks THE LADYKILLERS (1955) und Crichtons THE LAVENDER HILL MOB (1951). Im Zentrum von KIND HEARTS AND CORONETS steht Louis Mazzini (Dennis Price), dessen Mutter von ihrer aristokratischen Verwandtschaft, den D'Ascoynes, verstoßen wurde, weil sie einen nicht standesgemäßen italienischen Opernsänger geheiratet hatte. In ärmlichsten Verhältnissen aufgewachsen, muss Louis erleben, wie die D'Ascoynes seine Mutter und ihn selbst auf herablassende und menschenverachtende Weise behandeln. Um sich an der blasierten Sippschaft zu rächen, beschließt er, sich selbst den Adelstitel zu holen und beginnt kurzerhand, alle acht vor ihm in der Erbfolge stehenden D'Ascoynes auf erfinderische Weise umzubringen. Als er schließlich am Ziel seiner Wünsche ist, wird er durch eine Ironie des Schicksals für einen Mord verhaftet, den er nicht begangen hat. Hamer meisterte in seiner tiefschwarzen Komödie den Balanceakt, stets die Sympathien des Publikums für seinen mordenden Protagonisten aufrechtzuerhalten. Dies gelang, indem die Aristokraten als heuchlerische Snobs entlarvt werden, die ihre Privilegien und ihren Führungsanspruch für gottgegeben halten. Auch der Umstand, dass Alec Guinness alle acht Mordopfer verkörperte und dadurch den D'Ascoynes ein ewig gleiches Gesicht verlieh, trug dazu bei, dass sich das Mitleid des Publikums in Grenzen hält. KIND HEARTS AND CORONETS war somit vieles zugleich – schwarze Komödie und Rachetragödie, aber auch Gesellschaftssatire und politische Allegorie. In Zeiten sozialer Reformen, als die Angehörigen der Mittel- und Unterschicht mehr Verantwortung übernahmen, hatte es einen deutlichen Symbolwert, wenn Louis Mazzini seinen mörderischen Kreuzzug gegen die Aristokratie führte und damit auch alte Machtstrukturen, verstaubte Traditionen und unzeitgemäße Privilegien beseitigte.

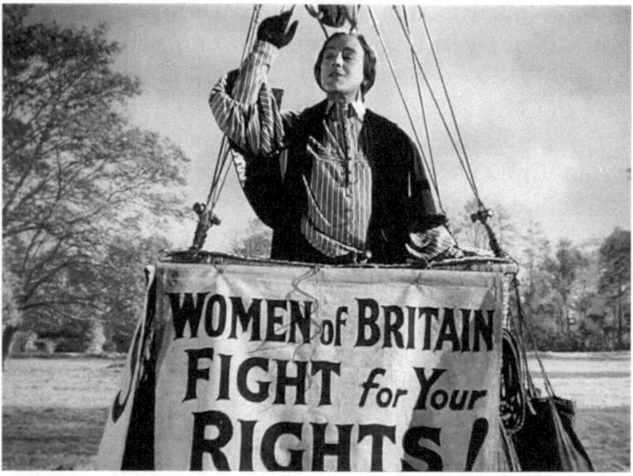

Alec Guinnes als Lady Agatha D'Ascoyne in KIND HEARTS AND CORONETS

Neben seiner Paraderolle in KIND HEARTS AND CORONETS hatte Guinness weitere virtuose Auftritte in den Ealing-Komödien THE LAVENDER HILL MOB, THE MAN IN THE WHITE SUIT (1951) und vor allem in THE LADYKILLERS, dem letzten Höhepunkt des Genres. In dem Film mietet sich eine Räuberbande, getarnt als Streichquintett, im Haus der betagten, arglosen Mrs Wilberforce (Katie Johnson) ein. Dort in der Nähe liegt der Bahnhof Kings Cross, wo die Gangster einen Geldtransporter überfallen und 60.000 Pfund erbeuten. Mrs Wilberforce kommt ihnen jedoch auf die Schliche und besteht darauf, dass das Geld zurückerstattet werden muss. Der Plan, die Mitwisserin zu beseitigen, geht gründlich schief: Anstatt die liebenswerte alte Lady zu töten, bringen sich die Verbrecher gegenseitig um, und Mrs Wilberforce bleibt im alleinigen Besitz der Beute zurück. Als sie dies bei der Polizei meldet, schenkt man ihr keinen Glauben und versichert ihr, sie dürfe das Geld gerne behalten. So feierte THE LADYKILLERS letztlich den Triumph der moralischen Werte einer nostalgisch verklärten viktorianischen Tradition.

Einige Regisseure schufen auch nach ihrer Zeit bei Ealing noch bemerkenswerte Komödien. Henry Cornelius drehte GENEVIEVE (1953), einen populären Film über ein Oldtimer-Autorennen von London nach Brighton. Robert Hamer feierte einige bescheidene Erfolge mit FATHER BROWN (1954) und SCHOOL FOR SCOUNDRELS (1960). Den ungewöhnlichsten Verlauf nahm die Karriere von Charles Crichton. Nach einigen Filmen in der Tradition der Ealing-Komödien wie LAW AND DISORDER (1958) und THE BATTLE OF THE SEXES (1960) arbeitete Crichton nur noch für Fernsehproduktionen, mit Ausnahme der beiden Krimis THE THIRD SECRET (1964) und HE WHO RIDES A TIGER (1965) in denen Judi Dench ihr Filmdebüt und eine erste Hauptrolle hatte. Erst im hohen Alter von 78 Jahren feierte Crichton ein spektakuläres Kino-Comeback mit der Gaunerkomödie A FISH CALLED WANDA (1988). Gemeinsam mit dem Komiker John Cleese hatte Crichton ab 1983 das Drehbuch geschrieben, und als der Film in Produktion ging, äußerten die Studiobosse Bedenken, der Regisseur könnte zu alt für den Job sein. Um die Lage zu beruhigen, gab sich Cleese pro forma als Ko-Regisseur aus, obwohl er keine Regieerfahrung besaß. Ungeachtet seines Alters schuf Crichton den erfolgreichsten Film seiner Karriere. Mit einem Budget von 7,5 Millionen Dollar spielte A FISH CALLED WANDA über 62 Millionen ein und bescherte Crichton seine beiden einzigen Oscar-Nominierungen für die beste Regie und das beste Originaldrehbuch. Der weltweite Publikumserfolg von A FISH CALLED WANDA trug letztlich sogar mit dazu bei, dass Produktionen im Geist der Ealing-Komödien im britischen Film ab den 1990er Jahren eine neue Konjunktur erlebten.

5 Vom Horrorfilm zur *New Wave:* 1950–1963

Echos des Weltkriegs

Die britische Bevölkerung hatte noch viele Jahre unter den wirtschaftlichen Folgen des Weltkriegs zu leiden, und obwohl sie zu den Siegermächten gehörten, fühlten sich die Menschen als Verlierer. In dieser Stimmung der Unzufriedenheit entstanden zwei Sorten von Kriegsfilmen: betont realistische Filme, die ein gänzlich unheroisches Bild des Kriegs zeichneten und auf die Klischees der Propadanda verzichteten, wie Charles Frends THE CRUEL SEA (1953), und aufmunternde Filme, die an die eigenen militärischen Erfolge erinnerten, wie etwa die Zerstörung der deutschen Schlachtschiffe Tirpitz (ABOVE US THE WAVES, 1955), Graf Spee (THE BATTLE OF THE RIVER PLATE, 1956) und Bismarck (SINK THE BISMARCK!, 1960).

In den 1960er Jahren etablierte sich eine weitere Spielart des Kriegsfilms, in der es um die Vorbereitung und Durchführung von geheimen Kommandounternehmen gegen deutsche Ziele ging. Die historische Genauigkeit trat hierbei jedoch in den Hintergrund, stattdessen setzten diese Filme zunehmend auf Action und ein großes Staraufgebot. In THE GUNS OF NAVARONE (1961) greift ein bunt zusammengewürfeltes Spezialkommando eine Geschützstellung der deutschen Wehrmacht auf der fiktiven griechischen Insel Navarone an und erlangt trotz hoffnungsloser Unterlegenheit einen Sieg. Angesichts von sieben Oscar-Nominierungen und eines beachtlichen Einspielergebnisses von knapp 29 Millionen Dollar wurde die Erfolgsformel einer geradlinigen, actionbetonten Handlung und einer internationalen Starbesetzung (hier u. a. David Niven, Gregory Peck und Anthony Quinn) in den Folgejahren mehrfach kopiert. So entstanden unter anderem THE HEROES OF TELEMARK (1965), OPERATION CROSSBOW (1965) und WHERE EAGLES DARE (1968). Grundsätzlich waren Aufarbeitungen des Zweiten Weltkriegs in den 1960er Jahren aber kaum noch zeitgemäß. Stattdessen rückte der Kalte Krieg in den Vordergrund und für Actionspektakel sorgten überlebensgroße Superagenten à la James Bond.

Komödien der 1950er Jahre

Die 1950er Jahre wurden mitunter als goldene Zeit der britischen Filmkomödie beschrieben. Tatsächlich waren Menge und Vielfalt der in diesem Jahrzehnt produzierten Komödien beachtlich. Die Filme konnten aus einem riesigen Potenzial komödiantischen Talents schöpfen, etwa in Gestalt von Joyce Grenfell, Alec Guinness, Margaret Rutherford, Peter Sellers, Alastair Sim, Terry-Thomas, Norman Wisdom und vielen anderen. Der kreative Output von Regisseuren wie Frank Launder und Sidney Gilliat sowie der Brüderpaare John und Roy Boulting und Ralph und Gerald Thomas schien keine Grenzen zu kennen. Mehrere Komödienreihen, die bis heute zur Essenz des britischen Films gehören, sind in dieser Zeit verankert. Die Ealing-Komödien erschienen noch bis zur Mitte der Dekade, und 1958 begann die unverwüstliche Serie der CARRY ON-Filme (s. u.).

Im Jahr 1954 starteten zwei weitere populäre Komödienserien, die als ›Doktor-Filme‹ und ›St. Trinian's-Filme‹ bekannt wurden. Der erste Film der Doktor-Serie, DOCTOR IN THE HOUSE (1954), wurde der kommerziell erfolgreichste Film des Jahres und machte Dirk Bogarde, der die Hauptrolle des Medizinstudenten Simon Sparrow spielte, zum Topstar. Die charmante Komödie bestach durch glänzende Darbietungen und brachte sechs Fortsetzungen hervor: DOCTOR AT SEA (1955), DOCTOR AT LARGE (1957), DOCTOR IN LOVE (1960), DOCTOR IN DISTRESS (1963), DOCTOR IN CLOVER (1966) und DOCTOR IN TROUBLE (1970). Mit zunehmend plumperem Humor verfolgten die Filme das weitere Schicksal des mittlerweile als Arzt tätigen Simon Sparrow, der wechselweise von Bogarde und Leslie Phillips gespielt wurde. Ein besonderes Highlight bot DOCTOR AT SEA mit der 20-jährigen Brigitte Bardot in einer ihrer seltenen englischsprachigen Rollen. Die Kontinuität der Doktor-Reihe war dadurch gewährleistet, dass alle Folgen von Ralph Thomas inszeniert und von Betty E. Box produziert wurden.

Nach den robusten Helden der Kriegsfilme repräsentierte der weichere Simon Sparrow ein neues, den 1950er Jahren angepasstes Männerbild. Er war ein sympathischer Schwächling, unbeholfen im Umgang mit Frauen, charmant und respektvoll gegenüber Autoritäten. Im Gegensatz dazu ließen es die Schülerinnen des Mädchenpensionats St. Trinian's richtig krachen. Auch diese Filmreihe erstreckte sich mit bislang sieben Folgen über mehrere Jahrzehnte. Beginnend mit THE BELLES OF ST. TRINIAN'S (1954) inszenierte Frank Launder die ersten fünf Folgen. Anstelle der streng geregelten Hierarchie des Krankenhauses gab hier die Schule den institutionellen Rahmen vor, und sie erwies sich als pure Anarchie, dominiert von entfesselten Mädchen und jungen Frauen, die bei männlichen Autoritäten bis hin zur Polizei Angst und Schrecken verbreiteten. Die geballte Girl Power zog auch im 21. Jahrhundert noch viel Publikum an. Der postfeministische Nachzügler ST. TRINIAN'S (2007), der Jungstar Talulah Riley zum Durchbruch verhalf, spielte knapp 30 Millionen Dollar ein. Die Drag-Rolle der Schulleiterin Mrs Fritton, die 1954 von Alastair Sim gespielt wurde, interpretierte hier Rupert Everett als Parodie auf Queen Camilla.

Weitere klassische Komödien, in denen sie die Inkompetenz britischer Institutionen satirisch aufs Korn nahmen, schufen die Brüder John und Roy Boulting, wobei sie abwechselnd Regie führten. Ins Visier gerieten dabei das Militär (PRIVATE'S PROGRESS, 1956), das Justizsystem (BROTHERS IN LAW, 1957), die Universitäten (LUCKY JIM, 1957), die Regierung (CARLTON-BROWNE OF THE F.O., 1959) und die Gewerkschaften (I'M ALL RIGHT JACK, 1959).

Horrorfilme und Zensur

Der Horrorfilm wurde oft als Großbritanniens ureigenster Beitrag zur internationalen Filmgeschichte gesehen, obwohl das Genre erst mit erstaunlicher Verspätung im Mutterland der großen Horrormythen ankam. Dies lag nicht zuletzt an der britischen Filmzensur.

Die zentrale Instanz der Zensur bildete das BBFC (= *British Board of Film Censors*, 1984 umbenannt zu *British Board of*

Film Classification). Das BBFC war und ist bis heute ein unabhängiges Gremium, das 1912 von der Filmindustrie selbst ins Leben gerufen wurde, als Reaktion auf ein drei Jahre zuvor von der Regierung verabschiedetes Gesetz, den *Cinematograph Act*. Dieses Gesetz sah vor, dass man zukünftig eine behördliche Lizenz beantragen musste, um ein Kino betreiben zu dürfen. Obwohl das Gesetz ursprünglich als reine Brandschutzmaßnahme gedacht war, versetzte es Politiker und kommunale Behörden erstmals in die Lage, indirekt Einfluss auf die Inhalte von Filmen zu nehmen. Wurden in einem Kino Filme gezeigt, die, aus welchen Gründen auch immer, das Missfallen der Verwaltung erregten, konnte dessen Betreiber die Lizenz entzogen werden. Dies war die Geburtsstunde der Filmzensur in Großbritannien.

Um der nun einsetzenden Willkür lokaler Behörden entgegenzuwirken, führte die Filmindustrie mit dem BBFC eine von Politik und Industrie unabhängige Kommission ein, die für einen einheitlichen nationalen Standard sorgen sollte. Das Board begutachtete gegen eine Gebühr jeden Film, verlangte gegebenenfalls bestimmte Änderungen und verlieh ihm danach das Zertifikat ›U‹ (= *Universal*, für alle Altersgruppen geeignet) oder ›A‹ (= *Adult*, eher für Erwachsene geeignet). Ohne eine solche Klassifizierung waren Filme von öffentlichen Vorführungen ausgeschlossen. Dieses System der freiwilligen Selbstkontrolle wurde fortan allgemein akzeptiert.

Welche filmischen Darstellungen unstatthaft waren, legte das BBFC erstmals 1916 schriftlich fest. Unter den 43 aufgelisteten Punkten, die zu Beanstandungen führten, befanden sich neben politischen, militärischen und religiösen Auflagen zwei Themenbereiche, die die Zensurdebatte über Jahrzehnte hinweg bestimmen sollten, nämlich Darstellungen von Gewalt und Sexualität. Zum Thema Gewalt wurden gut nachvollziehbare Gründe genannt, etwa Grausamkeit gegenüber Kindern und Tieren sowie gegenüber Erwachsenen, insbesondere Frauen. Auch Darstellungen des Modus Operandi von Kriminellen wurden moniert, was in Kombination dazu führte, dass sich ein Genre wie der Gangsterfilm im Vereinigten Königreich zögerlicher entwickelte als in den USA. Mit über einem Drittel aller Punkte betrafen die weitaus meisten Beanstandungen den Bereich der Sexualität im weitesten Sinne. Neben konkreten Tabus wie Prostitution, Unterwäsche und Entbindungen wurden auch sehr allgemein gehaltene Schranken gezogen, wie etwa »unziemliches Tanzen« oder »Szenen, die Unmoral andeuten«. Die restriktivste Maßnahme war die strikte Tabuisierung von Nacktheit, die in den 1960er Jahren einen Machtkampf zwischen Filmproduzenten und dem BBFC heraufbeschwor.

Gegenüber Horrorfilmen pflegte das BBFC eine generelle Negativhaltung. Ausländische Meisterwerke wie F.W. Murnaus NOSFERATU (1922) wurden von der Zensurkommission verboten, und heimische Filmprojekte wurden durch strenge Schnittauflagen behindert. Eigens für Horrorfilme wurden die beiden Zertifikate ›U‹ und ›A‹ 1932 um eine dritte Kategorie ›H‹ (= *horrific*) erweitert, die darauf hinwies, dass ein Film für Jugendliche unter 16 Jahren nicht geeignet war. Als erste britische Produktion erhielt THE GHOUL (1933) mit Boris Karloff in der Hauptrolle dieses abschreckende Prädikat, das manche Kinobesitzer davon abhielt, derartige Filme ins Programm zu nehmen. 1952 wurde diese Kategorie durch das Zertifikat ›X‹ ersetzt, eine rechtsverbindliche Altersbeschränkung, die Jugendlichen unter 16 Jahren den Zutritt zur Vorstellung verwehrte. Diese Maßnahmen erhöhten das wirtschaftliche Risiko für Produzenten von Horrorfilmen. Während des Zweiten Weltkriegs wurde die Aufführung von Horrorfilmen gänzlich unterbunden, und noch 1960 ließ das BBFC sogar Hitchcocks geniale Duschmordszene in PSYCHO verstümmeln, weil man sie für zu sadistisch und zu blutig hielt. Solchermaßen entmutigt hielten sich die britischen Studios mit der Produktion von Horrorfilmen lange zurück.

Der erste bedeutende und erkennbar britische Horrorfilm war der im September 1945 erschienene DEAD OF NIGHT, ein von den Ealing Studios produzierter Episodenfilm, der hohe qualitative Maßstäbe setzte. Die von Alberto Cavalcanti, Charles Crichton, Basil Dearden und Robert Hamer inszenierten Episoden drehten sich um übernatürliche Erlebnisse und boten im Themenkreis von Traum, Psychoanalyse und unterdrückter Sexualität viel Spielraum für Interpretationen. DEAD

OF NIGHT lieferte zudem das Vorbild für viele spätere episodisch strukturierte Horrorfilme, insbesondere für die Produktionen der Firma Amicus, wie Freddie Francis' DR. TERROR'S HOUSE OF HORRORS (1965), TORTURE GARDEN (1967) und TALES FROM THE CRYPT (1972) sowie Roy Ward Bakers ASYLUM (1972) und THE VAULT OF HORROR (1973).

Der wichtigste Impuls für eine eigene britische Horrorfilmtradition kam indes von den 1934 gegründeten Hammer Studios, die sich unter der Leitung der Produzenten Anthony Hinds und James Carreras maßgeblich auf Horrorfilme spezialisierten. Nach einigen populären Science-Fiction-Filmen mit Horrorelementen, vor allem THE QUATERMASS XPERIMENT (1955), besann man sich auf die Klassiker der heimischen Literatur, vor allem auf Mary Shelleys *Frankenstein* und Bram Stokers *Dracula* und traf die weitsichtige Entscheidung, diese Stoffe erstmals in Farbe zu verfilmen. Die prototypischen Filme THE CURSE OF FRANKENSTEIN (1957) und DRACULA (1958) waren beim Publikum sensationell erfolgreich, sodass man begann, beide Stoffe zu ausgiebigen Filmzyklen zu erweitern, die bis in die frühen 1970er Jahre reichten. Dabei bildete sich schnell ein Stammpersonal heraus: In zehn von insgesamt fünfzehn Dracula- und Frankenstein-Filmen führten Terence Fisher oder Freddie Francis Regie, und die Schauspieler Peter

Christopher Lees erster Auftritt als Graf Dracula

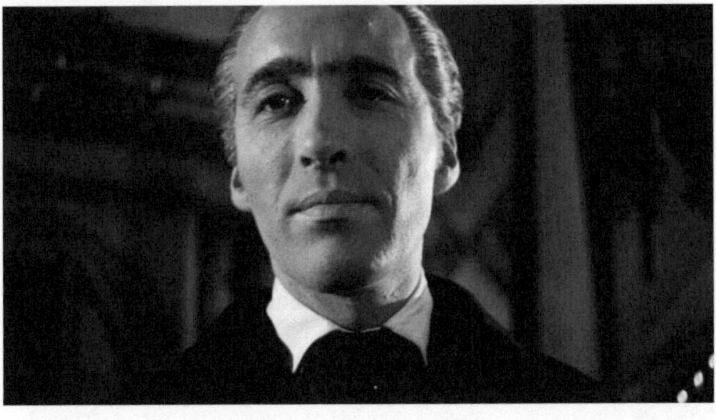

Cushing und Christopher Lee, die jeweils in über zwanzig Hammer-Produktionen mitspielten, traten das Erbe der alten Horrorfilm-Stars Boris Karloff und Bela Lugosi an.

Anders als frühere Darsteller interpretierte Lee die Rolle des Vampirs nicht als verschlagenes Scheusal, sondern als eleganten Gentleman mit Sex-Appeal. Zugleich verbreitete er eine morbide Erotik, die die bürgerlichen Moralvorstellungen sprengte. Dies war zwar ein gewagter Ansatz, wie harmlos er aber letztlich blieb, lässt sich daran ermessen, dass John Trevelyan, der damalige Vorsitzende des BBFC, die gute Zusammenarbeit mit den Hammer-Produzenten lobte und betonte, dass deren Filme es nicht darauf anlegten, Abscheu zu erregen oder Horror mit Sex zu vermischen.

Parallel zu den Hammer-Produkten entstanden mehrere anspruchsvollere Horrorfilme, unter denen THE INNOCENTS (1961), THE HAUNTING (1963) und REPULSION (1965) besonders hervorstachen. Unter Verzicht auf vordergründige Schockeffekte setzten diese schwarzweißen Filme auf psychologischen Horror, der durch klaustrophobische Schauplätze, unerklärliche Wahrnehmungen und eine Atmosphäre latenter Bedrohung erzeugt wurde. Alle drei zeigten die Handlung aus der Sicht psychisch labiler Frauen und verwischten dabei die Grenze zwischen objektiver Realität und subjektiver Wahrnehmung. In THE INNOCENTS und THE HAUNTING werden die Protagonistinnen (Deborah Kerr, Julie Harris) mit übernatürlichem Spuk in alten Schlössern konfrontiert, doch die Frage, ob es sich dabei um paranormale Phänomene, Halluzinationen oder Symptome einer Psychose handelt, bleibt in beiden Fällen offen. Zur Perfektion brachte Roman Polański diese Thematik in REPULSION, wo die Protagonistin Carole (Catherine Deneuve) in einem Apartment mitten im modernen London allmählich die Bindung zur Wirklichkeit verliert und zur Mörderin wird. Durch eine subtile Kameraführung und Kulissenanordnung gelang es Polański, das Publikum in Caroles paranoide Fantasiewelt hineinzuziehen und dadurch das Grauen in die Köpfe der Zuschauer zu verlegen.

Ein Horrorfilm war es auch, der für das wohl spektakulärste Karriereende eines bedeutenden britischen Regisseurs sorgte. Kurz hintereinander, im April und Juni 1960, wurden Michael Powells PEEPING TOM und Alfred Hitchcocks PSYCHO veröffentlicht, zwei Filme über pathologische Serienmörder, die auf drastische Weise bebilderten, wie die Täter junge Frauen erstechen. Während Hitchcocks Film in den USA wahre Begeisterungsstürme auslöste, sorgte PEEPING TOM im Vereinigten Königreich für einen beispiellosen Skandal. Das Presseurteil war dermaßen vernichtend, dass Powell von heute auf morgen zur Persona non grata wurde. Der Grund hierfür lag vor allem in der Art und Weise, wie Powell die Morde inszenierte. Die Handlung wird aus der Sicht des Serienmörders Mark Lewis (Karlheinz Böhm) geschildert, der als Kameraasssistent in einem Filmstudio arbeitet und nebenbei einen privaten Dokumentarfilm zum Thema Angst produziert. Zu diesem Zweck benutzt er seine Filmkamera als Mordwaffe: Im Kamerastativ befindet sich ein Dolch, mit dem er seine Opfer ersticht, während er sie filmt; darüber hinaus hat Mark einen Spiegel an die Kamera montiert, der seine Opfer zwingt, ihre eigene Ermordung zu beobachten. Den Gipfel dieses perfiden Konzepts bildete die Tatsache, dass Powell die Morde aus Marks subjektiver Perspektive filmte und das Publikum dadurch zu voyeuristischen Komplizen des Killers machte. Diese subversive Bloßstellung des Mediums Film sorgte für den empörten Aufschrei der britischen Kritik, die dabei völlig übersah, wie modern PEEPING TOM tatsächlich war, nicht zuletzt in der empathischen Darstellung des Verbrechers, der durch traumatische Erlebnisse in seiner Kindheit geprägt war und dadurch teilweise von Schuld freigesprochen wurde. Es sollte zwanzig Jahre dauern, bis Powells Geniestreich als herausragendes Filmkunstwerk erkannt und rehabilitiert wurde.

David Leans zweite Schaffensphase

Während Michael Powells Regielaufbahn abrupt endete, stand seinem Kollegen David Lean ein steiler Aufstieg noch bevor. Man kann Leans beeindruckende Karriere in zwei größere Phasen unterteilen: Zwischen 1942 und 1954 drehte er zehn britische Studiofilme, von 1957 bis 1984 folgten fünf internationale Großproduktionen an Originalschauplätzen. An der Schnittstelle dieser beiden Phasen steht Leans erklärter Lieblingsfilm, SUMMER MADNESS (1955), der in seinem Œuvre einen Wendepunkt markiert. Er war seine erste internationale Produktion, sein erster Farbfilm und sein erster Film, in dem mit Katharine Hepburn ein Hollywoodstar die Hauptrolle übernahm. Sie spielte Jane Hudson, eine alleinstehende Amerikanerin in den Vierzigern, die lange für einen Urlaub in Venedig gespart hat, um sich dort, wie der deutsche Filmtitel DER TRAUM MEINES LEBENS andeutet, ihre Hoffnung auf romantische Liebe zu erfüllen. Als sie den smarten Italiener Renato (Rossano Brazzi) kennenlernt, prallen jedoch unüberbrückbare kulturelle Gegensätze aufeinander. Janes puritanische Herkunft hindert sie daran, die Chance auf Romantik zu ergreifen, und nach einer kurzen Affäre mit Renato kehrt sie zurück in die USA in der Überzeugung, dass diese Beziehung unglücklich enden müsse. So wie hier stehen in Leans Filmen häufig Frauen im Mittelpunkt, die in einen Konflikt mit den gesellschaftlichen Konventionen geraten, angefangen bei Laura Jesson in BRIEF ENCOUNTER über Madeleine Smith in MADELEINE (1950) und Maggie Hobson in HOBSON'S CHOICE (1954) bis zu Rosy Ryan in RYAN'S DAUGHTER (1970) und Adela Quested in A PASSAGE TO INDIA (1984).

Ein reiner ›Männerfilm‹ war hingegen THE BRIDGE ON THE RIVER KWAI (1957), für den Lean, nach drei erfolglosen Nominierungen für BRIEF ENCOUNTER, GREAT EXPECTATIONS und SUMMER MADNESS, erstmals den Regie-Oscar gewann. Mit THE BRIDGE ON THE RIVER KWAI begann Lean seine radikale Neuerfindung. Fortan benötigte er für seine opulenten Filme meist mehrjährige Produktionszeiten, drehte ausschließlich an exotischen Naturschauplätzen in Sri Lanka, Jordanien, Spanien, Irland und Indien und verlangte seiner Filmcrew dabei beispiellose Strapazen ab. Sein schikanöses Verhalten gegenüber Schauspielern wurde legendär. Von Trevor Howard stammt das Bonmot, dass Lean, sollte er je das Leben von Mahatma Gandhi verfilmen, die Titelrolle mit Katharine Hepburn besetzen müsste, weil sie die einzige Schauspielerin sei, die noch mit ihm spreche.

Zu den wenigen Dingen, die jeder Filmliebhaber einmal im Leben tun müsse, gehört es nach Ansicht des Kritikers Roger Ebert, den Monumentalfilm LAWRENCE OF ARABIA (1962) auf einer 70-mm-Leinwand anzuschauen. Tatsächlich sind es vor allem die überwältigenden Bilder, die von Leans ambitioniertestem Film im Gedächtnis bleiben, einem 15 Millionen Dollar (heute inflationsbereinigt etwa das Zehnfache) teuren Epos über den britischen Offizier T.E. Lawrence (Peter O'Toole), der im Ersten Weltkrieg, so will es der Mythos, die zerstrittenen Araber zum Sieg gegen die osmanischen Besatzer führte. Wie unwahrscheinlich es war, dass der kühne Film überhaupt produziert wurde, fasste Omar Sharif, einer der Hauptdarsteller, in einer rhetorischen Frage zusammen: »Was würden Sie als Produzent sagen, wenn Ihnen jemand vorschlägt, eine gewaltige Summe in einen vierstündigen Film zu investieren, der in der Wüste spielt, ohne Stars, ohne Frauen, ohne Liebesgeschichte und ohne viel Action?«

Ungeachtet dieser wenig vielversprechenden Voraussetzungen wurde LAWRENCE OF ARABIA von Kritik und Publikum begeistert aufgenommen. Mit zwei aufeinanderfolgenden Filmen, die jeweils sieben Oscars gewonnen hatten, darunter die Hauptkategorien Bester Film und Beste Regie, befand sich Lean nun auf dem Höhepunkt seiner Laufbahn. Seine beiden nächsten Filme ließen die Sympathien der Kritiker jedoch erheblich abkühlen. Das während der Russischen Revolution spielende Liebesdrama DOCTOR ZHIVAGO (1965) wurde als kitschiges Leichtgewicht abgetan, entwickelte sich aber zu Leans kommerziell erfolgreichstem Film. Mit einem inflationsbereinigten Einspielergebnis von 2,5 Milliarden Dollar wurde DOCTOR ZHIVAGO noch 2022 auf Platz 9 der erfolgreichsten Filme aller Zeiten gelistet. RYAN'S DAUGHTER (1970), eine 1916 während des irischen Osteraufstands gegen die britischen Besatzer spielende Dreiecksgeschichte, erntete so massive Verrisse, dass sich Lean viele Jahre zurückzog, bevor er 1984 mit der Verfilmung von E.M. Forsters *A Passage to India* sein letztes Meisterwerk schuf.

Die *New Wave*

Als die Gründer der Firma Woodfall Film Productions – der Regisseur Tony Richardson, der Produzent Harry Saltzman und der Dramatiker John Osborne – ihren Film A TASTE OF HONEY (1961) planten, gaben sie in der Presse bekannt, dass sie eine Darstellerin für die Hauptrolle suchten. Jung und unbekannt und »hässlich« sollte sie sein. Eine 18-jährige Liverpoolerin ohne Schauspielerfahrung bewarb sich, bekam die Rolle und wurde bald eines der bekanntesten Gesichter der Swinging Sixties. Die junge Frau hieß Rita Tushingham, und ihre großen, hypnotischen Augen strahlten keinen Glamour aus, sondern ließen sie scheu und unschuldig, aber auch authentisch wirken. Die Presse machte viel Aufhebens um ihre angebliche Hässlichkeit, obwohl ihr John Osborne bescheinigte, sie habe mehr Ausdruck und Schönheit in ihrem kleinen Finger, als die ganzen Filmsternchen mit ihren tollen Figuren je haben würden.

Das plötzliche Erscheinen der unkonventionellen Rita Tushingham und der kommerzielle Erfolg ihres ersten Films deuteten einen umwälzenden Generationswechsel im britischen Kino voraus. Die über 50-jährigen Stars wie Anna Neagle, Margaret Lockwood, Phyllis Calvert und Ann Todd gerieten ebenso aus dem Blickfeld wie zahlreiche ihrer distinguierten männlichen Kollegen. An ihrer Stelle betrat eine junge Schauspielgeneration die Bühne, zu der neben Tushingham u. a. Julie Christie, Tom Courtenay, Albert Finney, Richard Harris und Vanessa Redgrave gehörten. Diese neuen Gesichter brachten frischen Wind in das angestaubte Kino der 1950er Jahre, zumal die Filme, in denen sie auftraten, für Furore sorgten und unter dem Label ›British New Wave‹ unsterblich wurden. Den Kern der *New Wave* bildeten acht Filme: ROOM AT THE TOP (1958), LOOK BACK IN ANGER (1959), SATURDAY NIGHT AND SUNDAY MORNING (1960), A TASTE OF HONEY (1961), A KIND OF LOVING (1962) THE LONELINESS OF THE LONG DISTANCE RUNNER (1962), THIS SPORTING LIFE (1963) und BILLY LIAR (1963). Diese Filme fegten wie eine Schockwelle durch das Vereinigte Königreich, denn sie zeigten erstmals gewöhnliche Leute aus der Arbeiterklasse

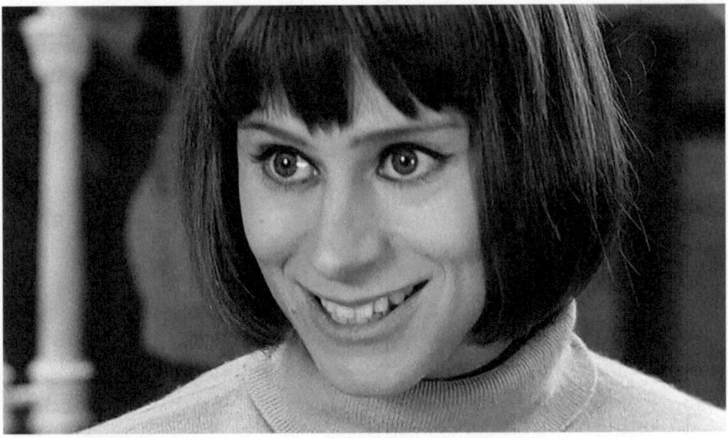

Rita Tushingham in Richard Lesters Komödie THE KNACK ... AND HOW TO GET IT

in den Hauptrollen. Dies bedeutete einen tiefen Bruch mit der Tradition des britischen Kinos, in der Angehörige der Arbeiterschicht unterrepräsentiert und üblicherweise auf Nebenrollen beschränkt waren. Obendrein scheuten sich die Filme nicht, kontroverse Themen wie Abtreibung, Ehebruch und Homosexualität offen zu thematisieren, die zuvor allenfalls angedeutet wurden.

Mit Ausnahme von A TASTE OF HONEY standen männliche Protagonisten im Zentrum dieser realistischen Sozialdramen. Diese Antihelden waren frustriert und rebellierten gegen die ungeschriebenen Regeln der britischen Klassengesellschaft – gegen die Lethargie der Kriegsgeneration, die Unterdrückung der Jugend, die Privilegien der Oberschicht und die verlogene Sexualmoral. Ihren Zorn kanalisierten sie auf unterschiedliche Weise – in Verweigerung, Wutausbrüchen, Schlägereien oder Realitätsflucht. Der Prototyp dieser ›Angry Young Men‹ war Jimmy Porter, der Protagonist von John Osbornes bahnbrechendem Theaterstück *Look Back in Anger*, das von Tony Richardson mit Richard Burton in der Hauptrolle verfilmt wurde. Wie LOOK BACK IN ANGER basierten alle Filme der *New Wave* auf zeitgenössischen Literaturvorlagen. Weitere

Inspiration erhielt die *New Wave* von den Filmen des italienischen Neorealismus und insbesondere der französischen Nouvelle Vague, die sich stilistisch am deutlichsten in Richardsons THE LONELINESS OF THE LONG DISTANCE RUNNER durch viele Außenaufnahmen, experimentelle Kameraführung und einen coolen Jazz-Soundtrack niederschlug.

Die eigentliche Basis der *New Wave* war jedoch die Bewegung des ›Free Cinema‹, die 1956 von Tony Richardson, Lindsay Anderson, Karel Reisz und anderen ins Leben gerufen wurde. Damals fand sich in Oxford eine Gruppe junger Filmkritiker zusammen. Sie veröffentlichten zunächst Artikel in Fachzeitschriften, in denen sie Front machten gegen das kommerzielle, gesellschaftskonforme Mainstreamkino. Deren Filme bildeten nicht die soziale Wirklichkeit in Großbritannien ab, monierten die jungen Kritiker. Das britische Kino war in ihren Augen gänzlich auf die Ober- und Mittelschicht fixiert. Soziales Engagement, Gesellschaftskritik oder auch nur ein realistisches Porträt von Menschen aus der Unterschicht spielten so gut wie keine Rolle. Zudem befänden sich die etablierten Regisseure in starker Abhängigkeit von Produzenten und Studios. Eine solche Abhängigkeit lehnten die jungen Autoren ab. Ein Regisseur, so ihre Überzeugung, sollte in seinen Filmen seine Kreativität und seine persönlichen Überzeugungen zum Ausdruck bringen können.

Nach einer Phase der theoretischen Auseinandersetzung mit Filmen begannen sie, eigene dokumentarische Kurzfilme zu drehen. Dabei setzten sie neue Prioritäten: Nicht das Außergewöhnliche war ihnen wichtig, sondern das Alltägliche. Zu den eindrucksvollsten Dokumentationen des Free Cinema gehörten Lindsay Andersons THURSDAY'S CHILDREN (1954) und EVERY DAY EXCEPT CHRISTMAS (1957), die Einblicke in den Alltag an einer Taubstummenschule und am Londoner Covent Garden Market gewährten. Faszinierende Momentaufnahmen der damals aufkommenden Jugendkultur und der prototypischen Szene der Teddy Boys (und Girls) boten die von Tony Richardson und Karel Reisz inszenierten MOMMA DON'T ALLOW (1956) und WE ARE THE LAMBETH BOYS (1959). Die Dokumentarfilmer führten ihre Werke erstmals in einem gemeinsamen Programm am 5. Februar 1956 unter der Bezeichnung ›Free Cinema‹ auf. Ermutigt durch den überwältigenden Erfolg wurden in den folgenden Jahren weitere fünf Free Cinema-Programme veranstaltet, das letzte lief im März 1959.

Die Spielfilme der *New Wave* knüpften sowohl personell als auch inhaltlich und stilistisch an das Free Cinema an. Die Filme behandelten weiterhin sozialkritische Themen und waren meist im Arbeitermilieu angesiedelt. Auch der Stil entsprach den Filmen des Free Cinema: Man reduzierte den visuellen Reiz und benutzte eine minimalistische technische Ausrüstung, man drehte in Schwarzweiß an Originalschauplätzen, vorzugsweise in den grauen nord- und mittelenglischen Industriestädten wie Manchester, Wakefield und Nottingham. All dies geschah einerseits aus Kostengründen, aber auch, um authentisch zu wirken und um zu vermeiden, dass eine aufwändige Ästhetik das Publikum von den Inhalten der Filme ablenkte.

Von den acht oben genannten Filmen stammten drei von Tony Richardson und jeweils einer von Karel Reisz bzw. Lindsay Anderson. Hinzu kamen zwei Filme von John Schlesinger und einer von Jack Clayton. Reisz inszenierte 1960 SATURDAY NIGHT AND SUNDAY MORNING, die Verfilmung eines Romans von Alan Sillitoe, die das

Besäufnis am Samstagabend: Albert Finney als Arthur Seaton

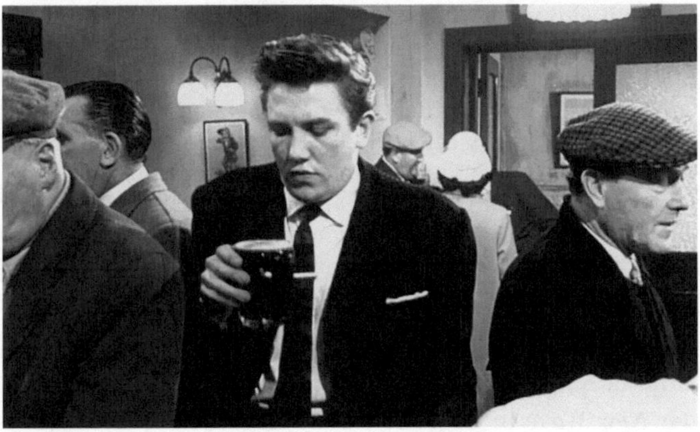

Wesen der *New Wave* am treffendsten ausdrückte und als der beste Film der Bewegung gilt. Der Titel verweist auf die Wochenenden, an denen die zornigen jungen Männer ihrem tristen Arbeitsalltag kurzzeitig entflohen und sich ins Nachtleben stürzten. So praktiziert es auch der Fabrikarbeiter Arthur Seaton (Albert Finney), der selbstsüchtige Antiheld des Films, dessen Vorstellung von Vergnügen im Wesentlichen aus hemmungslosen Besäufnissen und Sex besteht, der völlig verantwortungslos die verheiratete Brenda (Rachel Roberts) schwängert, niemals so sein will wie sein ›spießiger‹ Vater und am Schluss doch genau diesem Schicksal entgegensteuert. Es ist Albert Finneys brillianter Darstellung zu verdanken, dass man mitunter Sympathie für den Möchtegern-Rebellen empfindet, den Regisseur Karel Reisz zutiefst verachtete.

Die *New Wave*-Filme waren zunächst populär, doch schon nach wenigen Jahren ließ die Begeisterung von Kritik und Publikum nach. Die negative Rezeption von THE LONELINESS OF THE LONG DISTANCE RUNNER und das finanzielle Fiasko von THIS SPORTING LIFE waren Indizien dafür, dass der Trend in eine andere Richtung ging. Britische Produzenten waren nicht länger bereit, Geld in weitere *kitchen sink*-Filme zu investieren. Tony Richardson erkannte die Zeichen der Zeit als Erster. Er kehrte dem Sozialdrama den Rücken und bediente den Zeitgeist mit der turbulenten Abenteuerkomödie TOM JONES (1963). Richardson beschrieb die Verfilmung von Henry Fieldings 1749 erschienenem Roman als »a lot of colourful, sexy fun« und verzichtete ausdrücklich auf soziales Engagement und Gegenwartskritik. TOM JONES, erneut mit Albert Finney in der Titelrolle, wurde auch in den USA ein großer Publikumshit und erhielt zahlreiche Auszeichnungen, darunter die Oscars in den Kategorien Bester Film und Beste Regie, ein weiterer Oscar ging an John Osborne für das beste Drehbuch. TOM JONES war Woodfalls sechste Produktion, und die Tatsache, dass sie von United Artists finanziert wurde, markierte den Beginn des Interesses großer Hollywoodstudios an der lebendigen britischen Filmszene und den Aufbruch in eine wirtschaftlich prosperierende Dekade.

In der Folgezeit kamen nur noch vereinzelt Filme im Stil der *New Wave* in die Kinos. So inszenierte Karel Reisz die

Satire MORGAN: A SUITABLE CASE FOR TREATMENT (1966), die Kritik an den Methoden der Psychiatrie mit dem überdrehten Humor der 1960er Jahre verband. Lindsay Anderson feierte seinen größten Erfolg mit IF... (1968), einer bitterbösen und gewaltgeladenen Abrechnung mit den überholten Traditionen des Schulsystems und den Machthierarchien der britischen Klassengesellschaft. Der Film gewann in Cannes die Goldene Palme und wurde von Anderson zu einer lockeren Trilogie mit weiteren Attacken auf das Justizsystem (O LUCKY MAN!, 1973) und das Gesundheitswesen (BRITANNIA HOSPITAL, 1982) erweitert.

Nudistenfilme

Zu einem kuriosen Intermezzo kam es ab dem Ende der 1950er Jahre. Die Darstellung von Nacktheit wurde von der britischen Filmzensur nach wie vor rigoros unterbunden, bis findige Filmproduzenten ein Schlupfloch fanden, indem sie Filme in Nudistencamps drehten und diese als angebliche Dokumentarfilme in die Kinos brachten. Die Zensur verweigerte auch hier zunächst die Freigabe, doch die Londoner Stadtverwaltung setzte sich darüber hinweg und ließ die Nudistenfilme für öffentliche Vorführungen zu. Dutzende Kommunen im ganzen Land folgten dieser Entscheidung und gaben die Filme ebenfalls frei, häufig sogar ohne Altersbeschränkung. Hierdurch entstand der begründete Eindruck, als würde das BBFC der öffentlichen Ansicht darüber, was akzeptabel war und was nicht, hoffnungslos hinterher hinken. Als John Trevelyan 1958 die Leitung des Boards übernahm, gestattete er daher unter Beachtung strikter Regeln die Darstellung von Nacktheit in Dokumentarfilmen.

Als Folge dieser Liberalisierung kam es in England zu einer kurzlebigen Modewelle von Nudistenfilmen (engl.: *nudies*), die für lange Schlangen vor den Kinokassen sorgten. Dabei war offensichtlich, dass die Freikörperkultur den meisten Filmemachern nur als Vorwand diente, um möglichst viel nackte Haut auf die Leinwand zu bringen, und sie gaben ihren Filmen anspielungsreiche Titel wie NUDIST PARADISE (1959), WORLD WITHOUT SHAME (1961), MY BARE LADY

(1962), TAKE OFF YOUR CLOTHES AND LIVE! (1962) und IT'S A BARE, BARE WORLD! (1963). Letztlich waren die Nudistenfilme nichts anderes als eine Frühform des Sexploitationfilms. Es handelte sich um billig produzierte Filme mit einer allenfalls rudimentären Handlung, für die oft nicht einmal ein Drehbuch existierte. Zudem bewegten sich die Filme immer deutlicher von einem pseudo-dokumentarischen Stil in Richtung Spielfilm.

Dies alles war natürlich auch Trevelyan bewusst. Einen der bekanntesten Nudistenfilme, George Harrison Marks' NAKED AS NATURE INTENDED (1961), beschrieb er als Aneinanderreihung von Comedy-Sketchen mit nackten Pin-up Girls. Trotzdem ließ er die harmlosen Filme passieren, die nach einem kurzen Strohfeuer ihren Sensationswert und damit ihren kommerziellen Erfolg verloren. Im permissiven Klima der 1960er Jahre sollte sich das BBFC schon bald mit wesentlich größeren Herausforderungen konfrontiert sehen.

6 Die Swinging Sixties und die Krise der 1970er Jahre: 1964–1979

Swinging London

Die 1964 erschienenen Filme A HARD DAY'S NIGHT und GOLDFINGER läuteten eine neue Ära in der britischen Filmgeschichte ein. Sie kündigten die Swinging Sixties an, ein Jahrzehnt geprägt von Popmusik und Lebenslust und von Revolutionen der Kultur, der Mode und der Sexualität. Die Wucht der neuen Jugendkultur entstaubte das britische Kino gründlich und fegte viele Traditionen hinweg. Sogar die eben noch bewunderte rohe Kraft der *New Wave*-Filme erschien plötzlich trist und überholt.

Zu dieser Zeit etablierte sich London als Epizentrum der Unterhaltungsindustrie. Hier wurden die wichtigen Trends gesetzt, in der Musik und in der Mode ebenso wie in den Filmproduktionen. Zugleich begann sich eine junge Bohème aus Popmusikern, Fotografen, Künstlern und Modedesignern herauszubilden. Diese Kreise und die sie umgebende Strahlkraft der ›hippen‹ britischen Hauptstadt dienten als Milieu für eine Gruppe von Filmen, die unter dem Stichwort *Swinging London*-Filme zusammengefasst wurden. Der Stil dieser Filme war oft experimentierfreudig, schnell und ausgelassen, ihr Soundtrack war modern, die Dialoge frech und die Figuren jung und freizügig.

Einer der besten, wenn auch nicht typischsten *Swinging London*-Filme war das von John Schlesinger inszenierte Liebesdrama DARLING (1965), in dessen Mittelpunkt das attraktive Model Diana Scott (Julie Christie) stand. Für ihren Traum vom gesellschaftlichen Aufstieg geht Diana Beziehungen mit

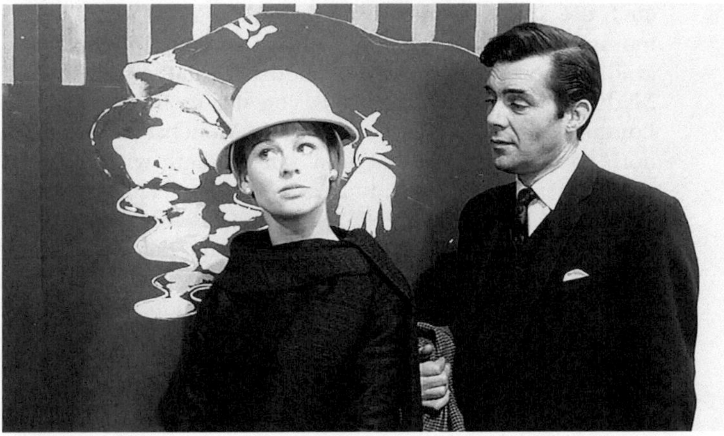

Julie Christie und Dirk Bogarde in DARLING

mehreren Männern ein – mit dem TV-Journalisten Robert (Dirk Bogarde), an dessen Seite sie Teil der Londoner Kunstszene wird, dann mit dem einflussreichen Werbemanager Miles (Laurence Harvey), der sie in den Pariser Jet Set einführt und zum Star einer großen Werbekampagne macht, und schließlich mit einem italienischen Prinzen (José Luis de Vilallonga), den sie heiratet und fortan in dessen römischem Schloss wohnt.

DARLING war ein Fanal für viele junge Frauen, die eine neue, unabhängige Rolle im Leben suchten, und als Diana wurde Julie Christie zu einer frühen Symbolfigur dieser Generation. Christie selbst beschrieb ihren oscarprämierten Part als den einer Frau, die weder heiraten noch Kinder haben will, wie die Frauen in den *New Wave*-Filmen, sondern die *alles* haben will. Für ihren Ehrgeiz und ihre Promiskuität wird Diana in dem moralisierenden Schluss des Films allerdings ›bestraft‹: Im fernen Rom erlangt sie zwar Adelstitel und großen Reichtum, doch sie endet in einer Sackgasse aus Einsamkeit und Verzweiflung.

Es gehört zu den Widersprüchen vieler *Swinging London*-Filme, dass sie nicht nur der Lebensfreude und dem hedonistischen Lifestyle ihrer Zeit Ausdruck verliehen, sondern auch die Schattenseiten der glitzernden ›Mod‹-Szene betonten, indem sie diese als oberflächlich und ausbeuterisch diskreditierten. Typisch ist hierbei das Narrativ vom naiven Mädchen aus der Provinz, das von der großen Freiheit in London und den Verheißungen einer Modelkarriere träumt, dort aber nur ausgenutzt und korrumpiert wird. Variiert wurde dieses Thema u. a. in Filmen wie THE PLEASURE GIRLS (1965), SMASHING TIME (1967), JOANNA (1968), HER PRIVATE HELL (1968) und PERMISSIVE (1970). Von der Schauspielgeneration der *New Wave*-Filme vollzog Rita Tushingham mühelos den Übergang zu den *Swinging London*-Filmen und spielte Hauptrollen in SMASHING TIME sowie in Richard Lesters Komödie THE KNACK… AND HOW TO GET IT (1965), einer vergnüglichen, temporeichen Komödie, ausgezeichnet mit der Goldenen Palme in Cannes.

THE KNACK bildet gemeinsam mit A HARD DAY'S NIGHT (1964), DARLING, ALFIE (1966) und BLOW-UP (1966) die Gruppe der herausragenden *Swinging London*-Filme aus der Mitte der 1960er Jahre. Ebenso wie DARLING für Julie Christie brachte ALFIE für Michael Caine den Durchbruch zum internationalen Star. Der Protagonist und Ich-Erzähler Alfie ist ein selbstsüchtiger Womanizer und Chauvinist, der zum eigenen Vergnügen ständig wechselnde, unverbindliche Beziehungen eingeht. Frauen behandelt er ohne Respekt und duldet sie nur solange, wie sie ihm keine Probleme bereiten. Erst als er eine Reihe persönlicher Rückschläge hinnehmen muss, beginnt er, seine Lebensführung und zunehmende Vereinsamung zu hinterfragen. Der von Lewis Gilbert inszenierte Film wurde gänzlich von Michael Caine dominiert, der mit seinem breiten Cockney-Akzent häufig direkt in die Kamera sprach und lakonische Kommentare über seine Lebensphilosophie und seine Einstellung gegenüber Frauen zum Besten gab. Caine wurde für seine Titelrolle für den Oscar, den BAFTA-Award und den Golden Globe nominiert.

Angesichts der spektakulären Erfolge, die Filme wie TOM JONES, A HARD DAY'S NIGHT, GOLDFINGER oder DARLING verbuchten, begannen die großen US-amerikanischen Studios, massiv in britische Filmproduktionen zu investieren. Die attraktive Mischung aus verfügbarem Kapital und kreativem Potential entfaltete eine starke Sogwirkung und zog nicht nur viele unverbrauchte Talente, sondern auch etablierte ausländische Regisseure an. Zu ihnen gehörte der Italiener Michelangelo Antonioni, der seinen einflussreichen Mysterythriller BLOW-UP vor dem Hintergrund der Londoner Mod-Szene inszenierte. Die rund 24-stündige Handlung folgt den spontanen Aktivitäten des charismatischen Modefotografen Thomas (David Hemmings) und gibt Einblicke in Fotosessions, Avantgardemode, Drogenpartys und sogar ein Rockkonzert der Yardbirds. Zwischendurch streift Thomas durch London auf der Suche nach Motiven und fotografiert dabei heimlich ein Liebespaar in einem Park. Als er die Fotos in seinem Atelier entwickelt, glaubt er, darauf Hinweise auf einen Mord zu entdecken. Um seinen Verdacht zu bestätigen, vergrößert er die Fotos immer mehr, wodurch die Ausschnitte detailreicher, aber auch unschärfer werden. Die scheinbar unbestechliche Wahrheit des fotografischen (und filmischen) Mediums wird dadurch als unverbindlich und interpretierbar entlarvt, und wie viele andere Ereignisse des Films bleibt das wahre Geschehen in dem Park rätselhaft. So schuf Antonioni mit BLOW-UP nicht nur einen der authentischsten Filme über das Lebensgefühl der Sixties, sondern zugleich einen zeitlosen Klassiker über das Verhältnis von Film und Realität.

Popmusikfilme

Mitte der 1950er Jahre kamen in den USA Filme in Mode, in deren Zentrum aktuelle Rock'n'Roll-Stars wie Bill Haley und Elvis Presley standen. In Großbritannien wurde dieser Trend rasch aufgegriffen, und heimische Rocksänger übernahmen alsbald zahlreiche Filmrollen: Tommy Steele in THE DUKE WORE JEANS (1958), Cliff Richard in EXPRESSO BONGO (1959), Adam Faith in BEAT GIRL (1960) und Billy Fury in PLAY IT COOL (1962). Oft handelte es sich um billig gemachte Exploitationfilme, die vordergründig dazu dienten, jugendliche Musikfans in die Kinos zu locken und dadurch den Plattenverkauf anzukurbeln. Ein Film wie THE TOMMY STEELE STORY (1957) ließ diese Absicht deutlich erkennen: In den 70 Minuten Laufzeit führte der Titelheld nicht weniger als 13 Songs auf, die durch eine dünne Story notdürftig zusammengehalten wurden. Die minimalistische Handlung in Richard Lesters Nummernrevue IT'S TRAD, DAD (1962) bot sogar Raum für 27 Songs diverser Rock- und Jazz-Interpreten.

Die Filme waren aber auch ein klares Indiz dafür, dass die visuelle Präsentation von Popmusik eine wachsende Bedeutung erhielt. Hiervon profitierte zunächst insbesondere Cliff Richard, der in der Musical-Trilogie THE YOUNG ONES (1961), SUMMER HOLIDAY (1963) und WONDERFUL LIFE (1964) mit weichgespültem Rock'n'Roll vermarktet wurde. Die mit vergleichsweise hohem Produktionsaufwand in Technicolor gedrehten Filme orientierten sich am klassischen Hollywood-Musical der 1940er und 1950er Jahre und waren an den Kinokassen, ebenso wie die dazugehörigen Soundtrackalben, überaus erfolgreich. Cliff Richard trat noch bis in die frühen 1970er Jahre als Schauspieler in Erscheinung, betrachtete aber rückblickend SUMMER HOLIDAY als Zenit seiner Filmkarriere.

Die meisten Filmmusicals jener Zeit waren seichte Teenager-Romanzen, oft gepaart mit stereotypen Erfolgsstorys junger Musiker, die vom talentierten Nobody zum gefeierten Star aufstiegen. Der erste Film mit den Beatles, A HARD DAY'S NIGHT (1964), ließ dieses Konzept kollabieren und setzte völlig neue Maßstäbe. Der Regisseur Richard Lester

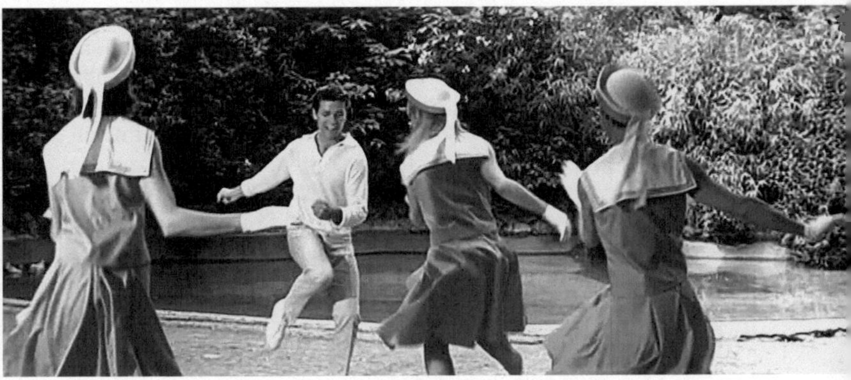

Cliff Richard in SUMMER HOLIDAY

zeigte stattdessen einen (humoristisch übersteigerten) typischen Tagesablauf der Beatles im quasi-dokumentarischen Stil unter weitgehendem Verzicht auf eine narrative Handlung. Dabei verwendete Lester Techniken des Free Cinema wie Schwarzweißfotografie, Handkamera und Originalschauplätze. Dadurch, dass sich die Beatles in dem tempogeladenen Film gewissermaßen selbst spielten, ersparte Lester es ihnen, in fiktionale Rollen zu schlüpfen und umschiffte dadurch eine der größten Schwachstellen früherer Musikfilme. Wegweisend war auch die Art und Weise, wie der Regisseur die Musikeinlagen präsentierte. Indem er auf die Illusion authentischen Musizierens bewusst verzichtete und stärkeres Gewicht auf visuelle Stilisierung und Schnittrhythmus legte, deutete er frühzeitig das Genre des Musikvideos voraus. Tatsächlich kürte der Fernsehsender MTV zwei Jahrzehnte später den Song »I Should Have Known Better« aus A HARD DAY'S NIGHT offiziell zum Prototypen des Musikvideos. Kommerziell war die gerade einmal 200.000 Pfund teure Low-Budget-Produktion ein sensationeller Erfolg. Alleine in den USA spielte A HARD DAY'S NIGHT in den ersten sechs Wochen 5,8 Millionen Dollar ein, in Großbritannien wurde er der zweiterfolgreichste Film des Jahres nach GOLDFINGER.

Die fünf klassischen Filme, an denen alle vier Beatles persönlich beteiligt waren, während sie noch als Band bestanden, waren alle grundverschieden. Auf A HARD DAY'S NIGHT folgten die James-Bond-Parodie HELP! (1965), der Experimentalfilm MAGICAL MYSTERY TOUR (1967), der psychedelische Animationsfilm YELLOW SUBMARINE (1968) und der Dokumentarfilm LET IT BE (1970). Die Band wirkte indes filmisch weit über die 1960er Jahre hinaus. Zum einen blieben die einzelnen Beatles dem Film verbunden, etwa als Schauspieler wie Ringo Starr, der in einem Dutzend Spielfilmen auftrat, u. a. an der Seite von Peter Sellers in der Komödie THE MAGIC CHRISTIAN (1969) und in seiner besten Rolle als Teddyboy in dem Drama THAT'LL BE THE DAY (1973). Den nachhaltigsten Beitrag zum britischen Film leistete George Harrison, der als Gründer der Produktionsfirma HandMade Films die britische Filmszene der 1970er und 1980er Jahre auffrischte. Auch ohne direkte Beteiligung der Bandmitglieder wurden mittlerweile hunderte Filme über die Beatles veröffentlicht. Aus britischer Produktion befinden sich darunter die gelungenen Biopics BACKBEAT (1994) und NOWHERE BOY (2009), die die Frühphase der Band in Hamburg und Liverpool nachzeichneten. Ein weiteres Highlight schuf Monty-Python-Mitglied Eric Idle mit dem großartigen Mockumentary THE RUTLES – ALL YOU NEED IS CASH (1978), das mit viel Liebe zum Detail die Laufbahn der Beatles persiflierte. Einen der originellsten Beiträge zum Genre der Beatles-Filme lieferte Danny Boyle mit der romantischen Komödie YESTERDAY (2019). Der Film spielt in einer alternativen Realität, in der die gesamte Menschheit plötzlich jegliche Erinnerung an die Beatles verliert, mit Ausnahme des Amateurmusikers Jack (Himesh Patel), der mit Plagiaten ihrer Songs zum Weltstar aufsteigt. In einer emotionalen Szene gegen Ende des Films besucht Jack den knapp 80-jährigen John Lennon (Robert Carlyle), der in dieser Realität nicht Musiker, sondern Seefahrer wurde und seinen Lebensabend zurückgezogen als Hobbymaler verbringt. Ein nie dagewesenes Experiment hat der englische Regisseur Sam Mendes angekündigt, indem er 2027 die Geschichte der Beatles in vier miteinander verwobenen Filmen in die Kinos bringen will, wobei jeder der Filme aus der Perspektive eines der vier Bandmitglieder erzählt wird.

Eine hingebungsvolle Hommage an die Musik der Sixties ist die von Richard Curtis geschriebene und inszenierte Komödie THE BOAT THAT ROCKED (2009). Inspiriert von der wahren Geschichte des 1964 gegründeten Piratensenders Radio Caroline, erinnert der Film noch einmal daran, wie schwer es die Popmusik im Großbritannien der 1960er Jahre angesichts staatlicher Repressalien hatte, Verbreitung im Radio zu finden.

Auch in den 1970er Jahren entstanden einige beachtenswerte Popmusikfilme, wie etwa Franc Roddams QUADROPHENIA (1979), der ein sehr authentisches Bild der Mod- und Rockerszene des Jahres 1964 zeichnete. Das zentrale Ereignis des Films war die sogenannte ›Battle of Brighton‹, bei der es in dem englischen Seebad Brighton zu wilden Straßenschlachten zwischen den rivalisierenden Jugendlichen kam.

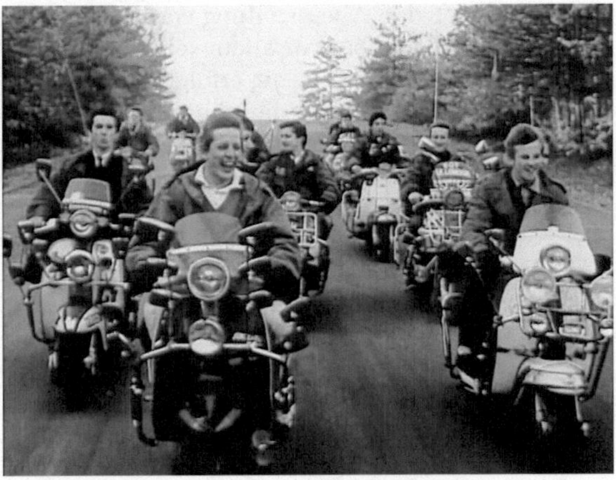

QUADROPHENIA: Mods auf dem Weg nach Brighton

Als Vorlage für QUADROPHENIA diente ein Album der englischen Rockband The Who, und das Gleiche gilt für Ken Russels TOMMY (1975). Russell, eines der Enfants terribles unter den britischen Regisseuren, hatte sich im Fernsehen und später im Kino durch Porträts klassischer Komponisten profiliert, u.a. mit Filmen wie THE MUSIC LOVERS (1970), MAH-

LER (1974) und LISZTOMANIA (1975). Mit der Over-the-top-Verfilmung der Rockoper *Tommy*, in der zahlreiche Popstars wie Roger Daltrey, Tina Turner, Elton John und Eric Clapton auftraten, schuf er einen exzessiven musikalischen Bilderrausch, den er nach eigenen Worten als Hommage an die Popkultur verstanden wissen wollte.

Vielschichtiger und nachhaltiger gelang eine solche Hommage dem Musical THE ROCKY HORROR PICTURE SHOW (1975), das wie kaum ein anderer Film das Prädikat ›Kultfilm‹ verdient. Basierend auf seinem eigenen Bühnenstück erschuf Autor Richard O'Brien eine postmoderne Tour de Force, die vor Zitaten und Parodien aus der Kunst-, Literatur- und Filmgeschichte nur so strotzt. Rund um den außerirdischen Transvestiten Dr. Frank-N-Furter (Tim Curry) vom Planeten Transsexual bricht der Film lustvoll alle Tabus von Homo-, Hetero-, Bi- und Transsexualität bis zu Impotenz, Inzest und Kannibalismus. Seine Alleinstellung verdankt das moderne Frankenstein-Reboot aber vor allem seiner spektakulären Rezeption: Obwohl zunächst wenig erfolgreich, erlangte der Film innerhalb weniger Jahre eine schnell wachsende Gemeinde eingefleischter Fans, die in nachempfundenen Filmkostümen hunderte von Vorstellungen besuchten, in denen sie Szenen kreativ mitspielten und ritualisierte Dialoge mit den Figuren auf der Leinwand führten. Nicht zuletzt aufgrund des zwanglosen und offensiven Umgangs mit sexuellen Identitäten wurde THE ROCKY HORROR PICTURE SHOW so zu einem weltweiten Phänomen der Subkultur.

Unweigerlich rückten die 1970er Jahre irgendwann selbst in den Fokus von Filmen, die nostalgisch auf die Hochphase der Rockmusik zurückblickten. Auf besonders vergnügliche Weise erzählt Brian Gibsons STILL CRAZY (1998) die Geschichte einer ehemals legendären Rockband der 1970er, die zwanzig Jahre nach ihrer Auflösung eine tragikomische Reunion-Tour startet. Getragen von einem großartigen Ensemble um Bill Nighy, Billy Connolly, Timothy Spall und Stephen Rea verfolgt der Film den steinigen Weg der älteren Herren von Auftritten in winzigen Clubs vor desinteressiertem Publikum bis zu ihrer triumphalen Rückkehr auf die große Konzertbühne.

James Bond und der Kalte Krieg

Es ist ein kurioser Zufall, dass am 5. Oktober 1962, dem Tag, an dem die Beatles ihren ersten Nummer-1-Hit veröffentlichten, auch der erste James-Bond-Film in London Premiere feierte. Beide, die Beatles und Bond, waren die weithin sichtbaren Leuchttürme, die die kulturelle Vorherrschaft Großbritanniens in den 1960er Jahre und das Anbrechen einer neuen Ära verkündeten. Beide Phänomene gelten bis heute als urbritisch, und James Bond ist nach wie vor das Erste, was viele Menschen mit dem britischen Film assoziieren.

Als die Produzenten Harry Saltzman und Albert R. Broccoli 1961 die Filmrechte an Ian Flemings Romanen und Kurzgeschichten über den britischen Geheimagenten 007 erwarben, ahnten sie nicht, dass sie damit die langlebigste Filmreihe der Geschichte aus der Taufe hoben. Die Wahl eines passenden Darstellers erwies sich als schwierig (im Gespräch waren zunächst arrivierte Engländer wie David Niven, James Mason und Cary Grant, die die 50 bereits überschritten hatten), und sie fiel schließlich auf den nahezu unbekannten Schotten Sean Connery, der mit seiner starken maskulinen Physis und seinem markanten Akzent eine für britische Filme ungewohnte Ausstrahlung besaß. Ian Fleming verglich ihn mit einem ungeschliffenen Rohdiamanten. Das Kalkül der Produzenten ging auf. Wie die Beatles war Connery jung, unverbraucht und klassenübergreifend und gerade deshalb ein Glücksgriff. In den Filmen DR. NO (1962), FROM RUSSIA WITH LOVE (1963), GOLDFINGER (1964), THUNDERBALL (1965) und YOU ONLY LIVE TWICE (1967) etablierte er Bond als coolen Helden von weltmännischem Auftreten, der schöne Frauen und teuren Champagner schätzt, seine Aufträge aber souverän und notfalls mit brutaler Härte erledigt. Er bewegte sich nicht im deprimierenden Alltagsgrau herkömmlicher Spionagefilme, sondern an exotischen Schauplätzen und den mondänen Treffpunkten des internationalen Jet Sets. Das Konzept der Bond-Filme war auf actionreiche Unterhaltung ausgerichtet, die zudem eine Mischung aus Glamour, Erotik und trockenem Humor bot. Obwohl die Filme mitten im Kalten Krieg erschienen, war ihre Handlung weitgehend frei von

Ideologie und politischer Rhetorik. Nicht die Sowjetunion war Bonds üblicher Gegenspieler, sondern fiktive Verbrechersyndikate und machthungrige Egomanen.

Als Sean Connery 1967 aus der Reihe ausstieg, hinterließ er ein schweres Erbe: Er hatte den Bond-Filmen das weltweit größte Publikum verschafft und Maßstäbe gesetzt, an denen alle Nachfolger gemessen wurden. Der Australier George Lazenby scheiterte an den hohen Erwartungen, obwohl sein Film ON HER MAJESTY'S SECRET SERVICE (1969) zu den besten der Reihe gehörte. Nach einem weiteren Auftritt von Connery in THUNDERBALL (1971) übernahm Roger Moore als erster Engländer die prestigeträchtige Rolle von 1973 bis 1985. In insgesamt sieben Filmen spielte er den Bond bisher am häufigsten. Seine Figur strahlte weniger Härte aus, und die Filme wurden humorvoller, teilweise, wie in MOONRAKER (1979), bis an die Grenze des Parodistischen. Höhepunkte in Moores Ära markierten die Filme THE SPY WHO LOVED ME (1977) und FOR YOUR EYES ONLY (1981). Bis zur Jahrtausendwende wurde Bond noch von dem Waliser Timothy Dalton und dem Iren Pierce Brosnan in zwei bzw. vier Filmen dargestellt. Auch die Regisseure waren oft für mehrere Folgen der Reihe verantwortlich, so saßen John Glen fünf Mal, Guy Hamilton vier Mal, Terence Young und Lewis Gilbert jeweils drei Mal sowie Martin Campbell und Sam Mendes je zwei Mal auf dem Regiestuhl.

Es erscheint bemerkenswert, dass Harry Saltzman parallel zu den Bond-Filmen auch eine Trilogie um den britischen Agenten Harry Palmer (Michael Caine) produzierte, der einen krassen Gegenentwurf zu James Bond darstellte. Die Len-Deighton-Verfilmung THE IPCRESS FILE (1965) präsentierte Palmer als schnoddrigen Typen mit niedrigem Einkommen, der nicht an glamourösen Sehnsuchtsorten operiert, sondern im tristen Londoner Regen. Anstelle einer klaren Rollenverteilung zwischen Gut und Böse existierte in Palmers Welt nur eine universelle moralische Grauzone. Während sich Bond kultiviert, elegant, und trotz gelegentlicher Eskapaden stets pflichtbewusst gab, war Palmer nachlässig, aufmüpfig und frei von Respekt vor Autoritäten. Palmer war daher viel eher ein Kind der rebellischen 1960er Jahre als Bond, und Michael

Caines lakonische Darstellung machte den Mann mit der blonden Scheitelfrisur und der markanten Hornbrille zu einer Ikone der Dekade. THE IPCRESS FILE wurde ein Publikumshit, zumal er nicht nur ein clever gemachter Spionagethriller war, sondern auch filmische Qualitäten besaß, unter denen die eindrucksvolle Kameraarbeit herausstach. Für den ebenfalls starken Nachfolgefilm FUNERAL IN BERLIN (1966) nutzte der GOLDFINGER-Regisseur Guy Hamilton West-Berlin effektiv als authentische Kulisse des Kalten Kriegs. Mit dem verunglückten BILLION DOLLAR BRAIN (1967) setzte Regisseur Ken Russell der Trilogie ein eher unrühmliches Ende.

Zurück in die harte Realität des Spionagealltags während des Kalten Kriegs führte auch die in schmucklosem Schwarzweiß gehaltene Verfilmung von John Le Carrés *The Spy Who Came in from the Cold* (1965). In der Hauptrolle spielte Richard Burton überzeugend einen verbitterten, desillusionierten Agenten des MI6, der seinem Metier jeglichen Glanz und Heldenstatus abspricht. Spione, so urteilt er, seien nur »heruntergekommene Trinker, Pantoffelhelden und kleine Beamte, die Cowboy und Indianer spielen, um ihr armseliges Leben etwas aufzuhellen«. Auch sich selbst sieht er nur als Schachfigur in einem schmutzigen Spiel, das er letztlich mit dem Leben bezahlt.

Die unheroische und zynische Attitüde erfasste auch auf das Genre des Kriegsfilms. Die patriotische Propaganda vergangener Jahrzehnte wurden in den 1960er Jahre durch Antikriegsfilme verdrängt, welche die Grausamkeit und Sinnlosigkeit von Kriegen und das Leid, das sie mit sich bringen, in den Blickpunkt rückten. Die eindrucksvollsten britischen Antikriegsfilme jener Zeit wurden von drei US-amerikanischen Regisseuren geschaffen, die in England eine neue Heimat fanden und dort die meisten ihrer Filme drehten: Joseph Losey, Stanley Kubrick und Richard Lester. Losey brandmarkte in der Tragödie KING & COUNTRY (1964) die deprimierende Unmenschlichkeit des Militärs anhand einer Episode aus dem Ersten Weltkrieg, in der ein einfältiger, schuldunfähiger Soldat (Tom Courtenay) wegen angeblicher Fahnenflucht hingerichtet wird, obwohl sich alle des Unrechts dieses Urteils bewusst sind. Stanley Kubrick steuerte mit dem

Meisterwerk DR. STRANGELOVE OR: HOW I LEARNED TO STOP WORRYING AND LOVE THE BOMB (1964) einen Antikriegsfilm bei, der gar nicht erst den Versuch machte, Kriegsgräuel, Gewalt und Elend darzustellen, sondern das Konzept kriegerischer Auseinandersetzung grundsätzlich ins Lächerliche zog. Statt auf Emotionen setzte der Film auf Satire und tiefschwarzen Humor, den er nicht einmal im Angesicht des nuklearen Armageddons verlor. Nicht weniger subversiv ging Richard Lester in der Satire HOW I WON THE WAR (1967) zu Werk. Mit Stilmitteln der Groteske und des absurden Theaters führte Lester nicht nur die Legitimität von Kriegen ad absurdum, sondern kompromittierte auch das Genre des Kriegsfilms und illustrierte damit seine persönliche Überzeugung, wonach eine der schlimmsten Obszönitäten des Kriegs der Kriegsfilm selbst sei.

Komödienserien: CARRY ON, PINK PANTHER und Monty Python

Mit CARRY ON SERGEANT startete 1958 die langlebigste Komödienreihe des britischen Films. Alle der im Lauf von zwanzig Jahren produzierten dreißig Folgen wurden von Gerald Thomas inszeniert, und in vielen trat ein festes Schauspielensemble auf, das in England bald jedes Kind kannte (u. a. Kenneth Williams, Joan Sims, Charles Hawtrey und Sid James). Markenzeichen der CARRY ON-Filme war ein derber Humor, der im Wesentlichen aus anzüglichen Wortspielen, zweideutigen Dialogen, Slapstick und Fäkalhumor bestand. Wichtiger als der Plot war die Aneinanderreihung von Gags, und anstelle runder Charaktere traten Stereotype und Karikaturen auf. Während die frühen Folgen britische Institutionen wie Krankenhäuser, Schulen, Militär und Polizei aufs Korn nahmen, ging man später dazu über, populäre Filmgenres zu parodieren, wie etwa die James-Bond-Filme (CARRY ON SPYING, 1964), historische Monumentalfilme (CARRY ON CLEO, 1964) oder die Hammer-Horrorfilme (CARRY ON SCREAMING!, 1966). Der als Höhepunkt der Reihe geltende CARRY ON UP THE KHYBER (1968), eine Satire auf imperiale Abenteuerfilme und den britischen Kolonialismus, schaffte es sogar in die

BFI-Liste der 100 besten britischen Filme. Im freizügigen Klima der späten 1960er Jahre wirkte das Konzept der versteckten sexuellen Anspielungen zunehmend überholt, und ab CARRY ON CAMPING (1969) versuchte man, durch explizitere Darstellungen mit der Zeit Schritt zu halten. Dieser Versuch misslang jedoch, denn die entsprechende Klientel wurde durch neue Konkurrenzserien angemessener bedient. Mit der CONFESSIONS-Reihe (z. B. CONFESSIONS OF A WINDOW CLEANER, 1974) und der ADVENTURES-Reihe (z. B. ADVENTURES OF A TAXI DRIVER, 1976) kamen turbulente Sexkomödien auf den Markt, die mit viel Slapstick und nackter Haut die erotischen Abenteuer junger Männer aus der Arbeiterklasse schilderten. Obwohl die CARRY ON-Stars dagegen wie Relikte aus der Vergangenheit wirkten, wurde der Zyklus bis zum Ende der 1970er Jahre fortgesetzt, allerdings mit abnehmender Qualität und sinkender Popularität. Als die Reihe nach dem Flop CARRY ON EMMANNUELLE (1978) eingestellt wurde, hatte das Publikum als Ersatz bereits zwei zeitgemäßere Franchises gefunden – die PINK PANTHER- und die MONTY PYTHON-Filme.

THE PINK PANTHER (1963) war als kurzweilige Gaunerkomödie um den Juwelendieb Sir Charles Litton (David Niven) konzipiert, der sich als Gentleman und Charmeur in den Kreisen der gehobenen Gesellschaft bewegt. Niemand sah voraus, dass Peter Sellers in der Nebenrolle des tollpatschigen Inspektor Clouseau Niven den Rang ablief und zum heimlichen Star des Films wurde. Flankiert von seinen eindrucksvollen Auftritten in Stanley Kubricks Filmen LOLITA (1962) und DR. STRANGELOVE stieg Sellers plötzlich zum internationalen Filmstar auf. Blake Edwards, der Regisseur und Drehbuchautor von THE PINK PANTHER, reagierte hierauf, indem er das Konzept komplett überarbeitete und Inspektor Clouseau ins Zentrum des Nachfolgefilms A SHOT IN THE DARK (1964) rückte. Abermals beeindruckte Sellers durch perfekten, großteils improvisierten Slapstick, der ebenso zur Essenz der Reihe gehörte wie Henry Mancinis unvergessliches Saxofon-Thema des Titelvorspanns. Ein Jahrzehnt später, als beider Karrieren ins Stocken geraten waren, ließ das Team Edwards/Sellers Inspektor Clouseau nochmals aufleben. Die Fortsetzungen THE RETURN OF THE PINK PANTHER (1975), THE PINK PANTHER STRIKES AGAIN (1976) und REVENGE OF THE PINK PANTHER (1978) spielten rund 125 Millionen Dollar ein und machten die Clouseau-Filme zur seinerzeit erfolgreichsten Komödienreihe der Filmgeschichte.

Die Werke des Komikerensembles Monty Python standen für einen subtileren Humor, in dem sich aberwitzige Situationskomik mit surrealem Nonsense und bissiger Satire vereinten. Das Team, bestehend aus den Briten Graham Chapman, John Cleese, Eric Idle, Terry Jones, Michael Palin und dem US-Amerikaner Terry Gilliam, wurde durch die TV Show MONTY PYTHON'S FLYING CIRCUS (1969-1974) bekannt, bevor die Truppe begann, Filme fürs Kino zu produzieren. Zwei dieser Filme, MONTY PYTHON AND THE HOLY GRAIL (1975) und LIFE OF BRIAN (1979), waren besonders erfolgreich und erlangten sogar in den USA Kultstatus. THE HOLY GRAIL, eine von Gilliam und Jones inszenierte Persiflage auf die Artuslegende, erhielt zunächst zurückhaltende Kritiken, konnte sich im Laufe der Jahre aber eine riesige Fangemeinde aufbauen und landet heute in Umfragen und Rankings regelmäßig unter den beliebtesten Komödien aller Zeiten.

Der als Satire auf das Neue Testament und religiösen Dogmatismus konzipierte LIFE OF BRIAN wäre beinahe nicht zustande gekommen, denn der Produzent zog sein Geld kurz vor Drehbeginn zurück, weil er das Drehbuch als blasphemisch empfand. Der mit den Pythons befreundete Ex-Beatle George Harrison rettete das Projekt, indem er eigens die Firma HandMade Films gründete und den Film aus eigener Tasche finanzierte. Nach seiner Premiere sorgte LIFE OF BRIAN für Skandale. Konservative christliche und jüdische Kreise liefen Sturm und riefen zum Boykott auf. In mehreren Ländern (u. a. Irland, Norwegen) wurde der Film verboten, woraufhin Schweden mit folgendem Slogan warb: »Der Film ist so komisch, dass er in Norwegen verboten werden musste.« Trotz der Skandale schlug LIFE OF BRIAN an den Kinokassen ein und wurde in den USA der erfolgreichste britische Film des Jahres. Der Song »Always Look On The Bright Side Of Life«, der die Kreuzigungsszene am Schluss des Films begleitete, wurde ein Evergreen. Der beachtliche Gewinn, den das erste Projekt von HandMade Films einspielte, ermunterte George Harrison, zwischen 1980 und 1990 weitere 22 Filme zu produzieren, darunter mehrere mit Schauspielern aus der Monty Python-Truppe (z. B. TIME BANDITS, 1981; THE MISSIONARY, 1982; A PRIVATE FUNCTION, 1984). HandMade Films wurde eine der wichtigsten unabhängigen Produktionsfirmen der 1980er Jahre und brachte mit den Gangsterfilmen THE LONG GOOD FRIDAY (1980) und MONA LISA (1986) sowie der Komödie WITHNAIL AND I (1987) vielbeachtete moderne Klassiker hervor.

Kriminalfilme: Von Miss Marple und Sherlock Holmes zum Hardcore-Krimi

Einige der am häufigsten in Kriminalfilmen auftretenden Ermittler – von Sherlock Holmes über Hercule Poirot und Miss Marple bis zu Father Brown – entstammen der englischen Literatur. Beginnend mit dem Stummfilm THE PASSING OF MR. QUIN (1928) lieferten die Kriminalgeschichten von Agatha Christie Vorlagen für zahlreiche britische Filme. Unvergesslich wurden Margaret Rutherfords Auftritte als resolute Amateurdetektivin Miss Marple in den von George Pollock inszenierten Filmen MURDER SHE SAID (1961), MURDER AT THE GALLOP (1963), MURDER MOST FOUL (1964) und MURDER AHOY (1964). Wenig später rückte eine weitere Figur von Agatha Christie in den Vordergrund, der exzentrische Belgier Hercule Poirot, in dessen Rolle – nach dem Amerikaner Tony Randall in THE ALPHABET MURDERS (1965) – drei erstrangige britische Schauspieler auftraten. In dem von Sidney Lumet inszenierten MURDER ON THE ORIENT EXPRESS (1974) spielte Albert Finney den Detektiv an der Seite eines internationalen All-Star-Ensembles, wie es für nachfolgende Poirot-Filme typisch werden sollte (hier u. a. Lauren Bacall, Ingrid Bergman, Jacqueline Bisset, Sean Connery und Vanessa Redgrave). Vier Jahre später ging die Rolle erstmals an Peter Ustinov. In den klassischen Whodunit-Krimis DEATH ON THE NILE (1978), EVIL UNDER THE SUN (1982) und APPOINTMENT WITH DEATH (1988) prägte Ustinov den Detektiv so souverän, dass sich alle folgenden Schauspieler an ihm messen lassen mussten. Dies galt auch für Kenneth Branagh, der Poirot in den Remakes von MURDER ON THE ORIENT EXPRESS (2017) und DEATH ON THE NILE (2022) sowie in A HAUNTING IN VENICE (2023) bislang dreimal verkörperte und dabei auch jeweils die Regie führte.

Auch Sherlock Holmes, dem wohl berühmtesten Detektiv der Weltliteratur, wurden zahlreiche Filme gewidmet. Zu den frühesten gehörte George Pearsons Adaption des ersten Holmes-Romans, A STUDY IN SCARLET (1914). Ebenfalls noch in der Stummfilmära produzierte Oswald Stoll zwischen 1921 und 1923 das mit 47 Folgen umfangreichste Filmprojekt über Holmes. Der damals bereits 60-jährige Eille Norwood, von dem sogar der Sherlock Holmes-Erfinder Arthur Conan Doyle begeistert war, spielte in allen Folgen die Titelrolle und hält damit bis heute den Rekord unter allen Holmes-Darstellern in Film und Fernsehen. Nach dem Zweiten Weltkrieg entstanden nur noch sporadisch Holmes-Filme für das Kino, darunter Terence Fishers THE HOUND OF THE BASKERVILLES (1959) sowie Billy Wilders THE PRIVATE LIFE OF SHERLOCK HOLMES (1970). Mit Wilders Film begann eine Tendenz, Sherlock Holmes eher aus einem kritisch-ironischen Blickwinkel zu betrachten, wie es auch in der Parodie WITHOUT A CLUE (1988) der Fall war, wo Dr. Watson (Ben Kingsley) der wahre geniale Ermittler ist und Holmes (Michael Caine) nur ein von Watson angeheuerter Schauspieler. Die kommerziell erfolgreichsten Holmes-Filme inszenierte Guy Ritchie mit SHERLOCK HOLMES (2009) und SHERLOCK HOLMES: A GAME OF SHADOWS (2011). Die mit ungewohnt viel Action, einem höchst exzentrischen Meisterdetektiv (Robert Downey Jr.) und einem ebenbürtigen Dr. Watson (Jude Law) ausgestatteten Blockbuster spielten weltweit über eine Milliarde Dollar ein. Das Drama MR. HOLMES (2015) mit Ian McKellen in der Titelrolle warf einen melancholischen Blick auf den 93-jährigen, demenzkranken Detektiv, der sich zur Ruhe gesetzt hat und eine ernüchternde Lebensbilanz zieht.

Generell standen in britischen Kriminalfilmen eher die Erfolge der Ermittler als die Machenschaften ihrer kriminellen Gegenspieler im Mittelpunkt. Gangstertum galt langezeit als »unbritisch«. Zudem warf die Zensur ein kritisches Auge auf Filme über das Unterweltmilieu – explizite Darstellungen von Gewalt wurden ebenso moniert wie Drehbücher über Verbrechen, die sich auszahlen. Die Schlussszene der nahezu gewaltlosen Gangsterkomödie THE LAVENDER HILL MOB ist daher typisch: Der Goldräuber Henry Holland (Alec Guinness) führt ein Luxusleben in Rio de Janeiro und erzählt einem englischen Besucher in einer langen Rückblende, wie er seinen Coup erfolgreich durchführte. Erst am Ende der Rückblende offenbart sich, dass es sich bei dem Besucher um einen Polizeiinspektor handelt, der Holland festnimmt. Auch in den 1960er Jahren blieb das Dogma des Scheiterns der Ganoven in klassischen Heist Movies wie THE LEAGUE OF GENTLEMEN (1960) und THE ITALIAN JOB (1969) erhalten. THE LEAGUE OF GENTLEMEN signalisierte schon im Titel, dass dort eine verharmlosende Darstellung des Verbrechens präsentiert wird. Anders als in den USA konnten sich gewalttätige Gangsterfilme zunächst nicht etablieren. Punktuelle Ansätze zu härteren Filmen boten Alberto Cavalcantis THEY MADE ME A FUGITIVE (1947) und John Boultings BRIGHTON ROCK (1948), doch blieb auch dort die Gewalt auf einem sehr milden Niveau.

Erst in den 1970er Jahren kam es zu einer Entfesselung des Genres. Die als ›Brit-Grit‹ bekannt gewordene, hartgesottene Variante des Gangsterfilms spielte in einem ungeschönten und realitätsnahen kriminellen Milieu. Mike Hodges' furioses Regiedebüt GET CARTER (1971) erwies sich als ein Schlüsselfilm der neu anbrechenden Dekade, indem er die Leichtigkeit und den Optimismus der Sixties durch Gewalt und desillusionierten Zynismus ersetzte. Michael Caine spielte den Londoner Gangster Jack Carter, der nach Newcastle fährt, um herauszufinden, wer seinen Bruder ermordet hat. Als er die Schuldigen ermittelt hat, startet er eine Vendetta, bei der er mit rücksichtsloser Brutalität (auch gegen Frauen) vorgeht und mehrere Leichen hinterlässt, bevor er selbst erschossen wird. Nie zuvor hatte es ein britischer Film unternommen, die kriminelle Unterwelt so authentisch und ungeschminkt darzustellen. Nicht zuletzt dank Caines eindrucksvoller Darstellung des stoischen Gangsters rückte GET CARTER im Lauf der Jahrzehnte in den Rang eines modernen Klassikers. Bei seinem Erscheinen war der Film jedoch umstritten, und er steht in Deutschland nach wie vor auf der Liste der jugendgefährdenden Medien. Die Bundesprüfstelle begründete dies 2009 mit dem Argument, dass die von Carter verübte Selbstjustiz »in erheblichem Maße verrohend wirkt und zu Gewalttätigkeiten anreizt«.

Die Brit-Grit-Strömung setzte sich in Filmen wie John Mackenzies THE LONG GOOD FRIDAY (1980) und Guy Ritchies LOCK, STOCK AND TWO SMOKING BARRELS (1998, s. u.) fort. Wie GET CARTER besaß auch THE LONG GOOD FRIDAY eine für den damaligen britischen Film kompromisslose Härte. Als brutaler Londoner Gangsterboss Harold Shand spielte der noch weitgehend unbekannte Bob Hoskins die Rolle seines Lebens und wurde dadurch zum gefragten Star. Shand steht kurz vor dem Abschluss eines gigantischen Immobiliendeals mit der amerikanischen Mafia, als eine Reihe gezielter Bombenanschläge sein Machtimperium erschüttert. Um seine unsichtbaren Feinde zu identifizieren, fährt er wie eine Dampfwalze durch die Unterwelt, und in einer ikonischen Szene lässt er sechs Mitglieder der irischen IRA an den Füßen in einem Schlachthaus aufhängen, um sie zu verhören. Ebenso überzeugend wie Hoskins spielte Helen Mirren Shands Gangsterbraut, die als einzige fähig ist, ihn unter Kontrolle zu halten. Pierce Brosnan kam in THE LONG GOOD FRIDAY zu seinem Spielfilmdebüt.

Ausnahmeregisseure: Nicolas Roeg und Stanley Kubrick

In den an filmischen Glanzpunkten eher armen 1970er Jahren stachen zwei Ausnahmeregisseure hervor – Nicolas Roeg und Stanley Kubrick. Der gefragte Kameramann Nicolas Roeg gab sein Regiedebüt in dem gemeinsam mit Donald Cammell inszenierten Gangsterdrama PERFORMANCE (1970), das ein halbes Jahr vor GET CARTER erschien und eine ähnliche Ausgangssituation besaß: Auch Chas Devlin (James Fox) ist ein gewalttätiger Londoner Gangster, der in einen Konflikt mit einer kriminellen Bande gerät. Anders als Jack Carter entzieht er sich jedoch einer Konfrontation und findet Unterschlupf bei dem ehemaligen Rockstar Turner (Mick Jagger), der sich aus der Öffentlichkeit zurückgezogen hat und mit zwei Frauen (Anita Pallenberg, Michelle Breton) in einer Ménage-à-trois lebt. Ab diesem Punkt sprengt PERFORMANCE die Grenzen des Gangstergenres und mutiert zu einem psychologischen Verwirrspiel, in dessen Verlauf der androgyne Bohémien Turner allmählich die Kontrolle über den anfänglich noch dominanten Devlin übernimmt. Dabei werden scheinbar feste Größen wie Persönlichkeit und sexuelle Identität dekonstruiert, und dies war ein Thema, das Roeg in seinen Filmen immer wieder variierte. Schon in PERFORMANCE wurde deutlich, dass Roeg das Gegenteil dessen repräsentierte, was traditionell als typisch für den britischen Film erachtet wurde. Ähnlich wie Ken Russell, Derek Jarman oder Peter Greenaway durchbrach Roeg die Grenzen realistischen Erzählens. Seine enigmatischen Filme sind schwierig zu entschlüsseln, psychologisch tiefgängig, assoziativ und mitunter surreal.

Es waren vor allem seine in den 1970er Jahren entstandenen Meisterwerke PERFORMANCE, WALKABOUT (1971), DON'T LOOK NOW (1973), THE MAN WHO FELL TO EARTH (1976) und BAD TIMING (1980), die Roeg zu einem der herausragenden Regisseure jener Dekade machten. Bei ihrer Veröffentlichung sorgten diese Filme oft für Ratlosigkeit bei Produzenten, Kritikern und Publikum. Als die Studiochefs von Warner Bros den im Herbst 1968 gedrehten PERFORMANCE zum ersten Mal sahen, waren sie schockiert von der tabubrechenden, teilweise sadistischen Sexualität. Sie verwehrten dem Film einen Kinostart, hielten ihn fast zwei Jahre unter Verschluss und veröffentlichten ihn schließlich in einer erheblich umgeschnittenen Version. Vergleichbare Reaktionen löste auch das umstrittene Drama BAD TIMING aus, wo der Wiener Psychiater Alex Linden (Art Garfunkel) eine Frau vergewaltigt, während sie nach einer Überdosis im Koma liegt. Angesichts von Gewalt und sexueller Perversion bezeichneten die entsetzten Produzenten der Rank Organisation BAD TIMING als »kranken Film, gemacht von kranken Leuten für ein krankes Publikum« und schrieben ihre Investition ab, anstatt den Film in die Kinos zu bringen.

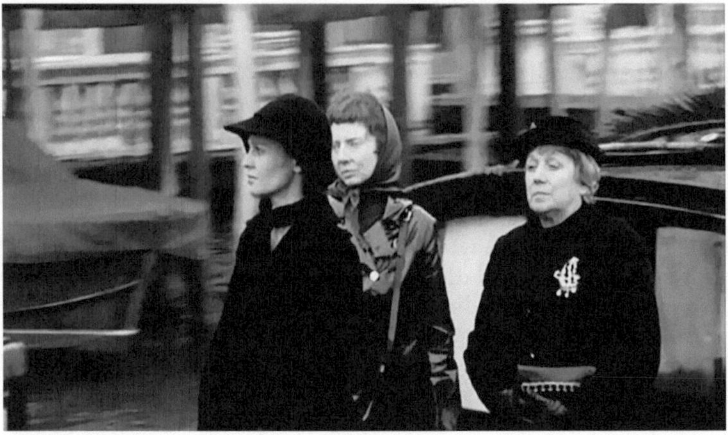

John Baxters Präkognition: Julie Christie als trauernde Witwe in DON'T LOOK NOW

Rätselhaft blieb vielen auch Roegs bekanntester Film, der Mysterythriller DON'T LOOK NOW. Nach dem tragischen Unfalltod ihrer Tochter übersiedeln John und Laura Baxter (Donald Sutherland, Julie Christie) nach Venedig, wo eine Kette mysteriöser Ereignisse schließlich zu Johns Ermordung führt. Im Gegensatz zu der farbenprächtigen Postkartenidylle in David Leans SUMMER MADNESS ist die Lagunenstadt hier in winterlichen Grau- und Blautönen gehalten und strahlt eine morbide, bedrohliche Stimmung aus. Seinen deutschen Verleihtitel, WENN DIE GONDELN TRAUER TRAGEN, verdankt der Film einer berühmt gewordenen Szene, in der John während einer Fahrt mit dem Vaporetto seine Frau erblickt, die in Gegenrichtung auf einer Gondel an ihm vorüberfährt. Aus unerfindlichen Gründen trägt Laura Trauerkleidung und reagiert nicht auf Johns Zurufe, obwohl sie nur wenige Meter von ihm entfernt ist. Das Bild der vorüberziehenden Gondel, das John für die reale Gegenwart hält, ist in Wahrheit eine präkognitive Vision der Zukunft, in der Laura um ihren toten Ehemann trauert. Unvergesslich wurde auch eine sechsminütige Sequenz, in der sich John und Laura auf dem Bett ihres Hotelzimmers lieben. Die Sequenz gilt vielen Kritikern bis heute als erotischste Sexszene der britischen Filmgeschichte und darüber hinaus als Lehrstück für brillianten Filmschnitt. DON'T LOOK NOW war der erfolgreichste britische Film des Jahres, erlangte sehr schnell Kultstatus und besitzt heute den Ruf eines cineastischen Meilensteins. Roegs spätere Filme (u.a. EUREKA, 1983; INSIGNIFICANCE, 1985; CASTAWAY, 1986; TRACK 29, 1988; THE WITCHES, 1990; PUFFBALL, 2007) erreichten hingegen nicht mehr die Qualität seines Frühwerks.

Der gebürtige der US-Amerikaner Stanley Kubrick war der bedeutendste unter den ausländischen Regisseuren, die ihren Wirkungskreis in den 1960er Jahren nach England verlegten und dort einen substanziellen Beitrag zum britischen Kino leisteten. Beginnend mit LOLITA (1962) bis zu EYES WIDE SHUT (1999) inszenierte Kubrick seine letzten acht Filme in England. Als Höhepunkt seines Œuvres gilt vielen Kritikern das monumentale Weltraum-Epos 2001: A SPACE ODYSSEY (1968), das das Science-Fiction-Genre mit überwältigenden, nie zuvor dagewesenen Bildern und mit einer beispiellosen philosophischen Tiefe vom Stigma des Trivialen befreite. Obwohl noch gänzlich ohne computergenerierte Bilder realisiert, war der Film ein ästhetischer und technischer Quantensprung – etwa im Vergleich zu dem nur wenige Jahre zuvor erschienenen THE FIRST MEN IN THE MOON (1964), der noch primitivste Kulissen und Stop-Motion-Technik verwendete. Seine berauschenden, teils psychedelischen Bilder verliehen 2001: A SPACE ODYSSEY Kultstatus bei der damaligen Hippie-Generation, und seine komplexe metaphysische Dimension brachte über viele Jahre hinweg immer neue Interpretationsansätze hervor. Die visionäre Kraft des Films ist selbst heute noch greifbar, etwa im Hinblick auf das Bedrohungspotential der Menschheit durch künstliche Intelligenz: In Kubricks Film ist es ein körperloses Computerprogramm namens HAL, das Menschen effektiv tötet. Dies erscheint aus heutiger Sicht allemal realistischer als die mordenden, humanoiden Roboter in zeitgenössischen Filmen wie EX MACHINA und T.I.M.

Kaum weniger spektakulär als 2001: A SPACE ODYSSEY war Kubricks dystopische Zukunftsparabel A CLOCKWORK ORANGE (1972), die Malcolm McDowell in einer oscarwürdigen Performance zum Star machte. McDowell spielte in der Verfilmung von Anthony Burgess' gleichnamigem Roman einen verurteilten Schläger, Vergewaltiger und Mörder, dessen drastischer Fall die Frage aufwarf, ob es ethisch verantwortbar ist, einen Menschen seines freien Willens zu berauben, selbst wenn er diesen nur dazu benutzt, um Böses zu tun. Dass das ernste moralische und politische Anliegen des Films von einer aggressiv geführten öffentlichen Debatte über dessen angebliche Gewaltverherrlichung überlagert wurde, erzürnte Kubrick so sehr, dass er die Verbreitung von A CLOCKWORK ORANGE in Großbritannien sowohl im Kino als auch auf dem Video-Markt bis zu seinem Lebensende untersagte. Auf dem Schwarzmarkt erhältliche Videocassetten des Films waren in Großbritannien jahrelang begehrt.

Von Vladimir Nabokovs *Lolita* bis zu Anthony Burgess' *A Clockwork Orange* hatte Kubrick für seine britischen Filme stets literarische Vorlagen herangezogen, und dies galt auch für sein nächstes Werk, BARRY LYNDON (1975). Der im 18. Jahrhundert spielende Abenteuerfilm basierte auf einem Roman des viktorianischen Autors William Thackeray und beeindruckte durch eine neuartige Aufnahmetechnik, die es erstmals in einem Farbfilm gestattete, Innenräume ausschließlich durch Kerzenlicht zu beleuchten. Nach BARRY LYNDON schuf Kubrick mit der Verfilmung von Stephen Kings *The Shining* (1980) einen Klassiker des Horrorgenres. Die Haunted-House-Geschichte um den Schriftsteller Jack Torrance (Jack Nicholson), der in einem eingeschneiten Berghotel langsam der Paranoia verfällt, verwischte die Grenzen zwischen Realität, Fiktion, Wahnvorstellung und Übersinnlichem und ließ Raum für unterschiedlichste Auslegungen. Zum Sinnbild der vielschichtigen Handlung wurde daher das Heckenlabyrinth, in dem sich Jack am Schluss des Films verirrt und erfriert.

Erotikwelle und Sexploitationfilme

Stanley Kubrick starb wenige Monate vor der Premiere seines letzten Films, EYES WIDE SHUT, einer Adaption von Arthur Schnitzlers *Traumnovelle*. Die Tatsache, dass einige erotische

Szenen des Films für den US-amerikanischen Markt durch digitale Nachbearbeitungen ›entschärft‹ werden mussten, erinnert an Konflikte, die Produzenten britischer Sexploitationfilme in den 1970er Jahren mit der Zensur auszufechten hatten.

Die sexuelle Revolution der 1960er Jahre schlug sich in nahezu allen Unterhaltungsmedien nieder, nur der Film blieb lange eine sexfreie Zone, die von der britischen Zensur vehement verteidigt wurde. Doch der Druck auf das BBFC wuchs: Zum einen nahm die Nachfrage des Publikums nach freizügigen Filmen stetig zu, zum anderen verschlechterte sich die wirtschaftliche Lage der Filmindustrie in den 1970er Jahren massiv, und die Produktion billiger Sexfilme wurde einer der wichtigsten Eckpfeiler, um sich finanziell über Wasser zu halten. Die Wurzeln dieser Sexfilme lagen in den frühen 1960er Jahre, als mehrere Filme entstanden, die das frühreife Verhalten junger Frauen thematisierten und ihren voyeuristischen Grundton dadurch zu kaschieren versuchten, dass sie mit moralisierendem Zeigefinger vor den vermeintlichen Gefahren eines unsittlichen Lebenswandels und außerehelichem Sex warnten. Filme wie THAT KIND OF GIRL (1963) und THE YELLOW TEDDY BEARS (1963) boten hierfür anschauliche Beispiele.

Ein Jahrzehnt später herrschten vollkommen andere Bedingungen. Die Theaterzensur war 1968 abgeschafft worden, und auch das BBFC musste seine restriktive Haltung gegenüber erotischen Inhalten spürbar lockern. Die Nische wurde nun hauptsächlich von anspruchslosen Sexploitationfilmen besetzt, in denen Nacktheit und spontaner Sex allgegenwärtig waren, und die sich durch schamlosen Sexismus und latente Misogynie auszeichneten. Meist handelte es sich um derbe Komödien, deren typisch britisches Merkmal es war, dass der Sex ausgesprochen unerotisch dargestellt wurde. Er erschien stressig, anstrengend und kompliziert, fand an unbehaglichen oder beengten Orten statt, und den beteiligten Frauen und Männern fehlte es oft an Sex-Appeal. Typische Beispiele waren Softcore-Komödien wie GAMES THAT LOVERS PLAY (1971), ESKIMO NELL (1975) und die CONFESSIONS OF…-Serie (1974-1977). Dass die Filme für den heimischen Markt dennoch attraktiv waren, belegt der wohl bekannteste britische Sexfilm, COME PLAY WITH ME (1977), der trotz seiner unterirdischen Qualität vier Jahre lang ununterbrochen im Londoner Westend lief und damit einen Aufführungsrekord aufstellte. Unter den Mitwirkenden befand sich Mary Millington, die berühmteste britische Erotikdarstellerin der 1970er Jahre, die zunächst in (verbotenen) Hardcore-Produktionen auftrat und Mitte des Jahrzehnts in den Mainstream der Softcore-Filme wechselte. Dort wurde sie zu einem enorm populären Kassenmagneten, besonders in ihrer Hauptrolle in dem Sex-Thriller THE PLAYBIRDS (1978).

In den Jahren vor ihrem tragischen Selbstmord 1979 verband sie eine enge Freundschaft mit Diana Dors, deren Karriere, ebenso wie die Millingtons, von Kontroversen und Skandalen begleitet wurde. Anders als Millington kam Dors aus dem seriösen Charakterfach und hatte unter Regisseuren wie David Lean, Carol Reed und Frank Launder gearbeitet. In einer Umfrage des Fachmagazins *Motion Picture Herald* erschien sie 1955 als einzige Frau unter den Top Ten der zugkräftigsten britischen Filmstars. Da ihr eine Karriere als seriöse Charakterdarstellerin nicht lukrativ genug erschien, promotete sie sich selbst als genuines Sexsymbol des britischen Films und förderte ihr Image als ›britische Marilyn Monroe‹. Wie keine andere Schauspielerin ihrer Zeit sorgte sie für Glamour und Schlagzeilen und nahm dafür in Kauf, dass sie in zahlreichen B-Filmen die stereotype Sexbombe spielte, bis ihr Typ gegen Mitte der 1960er Jahre nicht mehr gefragt war. Mit der ihr eigenen Selbstironie verkündete sie, dass sie niemals wie die neuen, coolen Frauen Julie Christie und Rita Tushingham aussehen könne, egal wie viel Mühe sie sich gäbe. Anschließend wechselte sie in die Niederungen der Sexploitationfilme, übernahm aber auch wieder Rollen in ambitionierten Filmen. Ihren letzten Auftritt hatte sie an der Seite von Vanessa Redgrave und Sarah Miles in Joseph Loseys Drama STEAMING (1985). Mit all den Höhen und Tiefen ihrer Karriere rückte Diana Dors in den Status eines nationalen Mythos und wurde in vorderster Reihe auf dem Cover des Beatles-Albums *Sgt. Pepper's Lonely Hearts Club Band* verewigt.

7 Neue Erfolgsrezepte – Heritage-Kino, RomCom und Sozialdrama: 1980–2000

Der Aufschwung der 1980er Jahre

Die 1980er Jahre begannen alles andere als verheißungsvoll für die britische Filmindustrie, denn alle wichtigen Eckdaten befanden sich im Sinkflug: 1981 wurden lediglich 24 Spielfilme produziert – der niedrigste Wert seit 1914 –, und dementsprechend ging der Anteil britischer Filme in den Kinoprogrammen erheblich zurück. Auch die Ticketverkäufe rutschten weiter in den Keller. Kinobesuche gehörten nicht mehr zu den selbstverständlichen Gewohnheiten der Menschen, und viele Kinos hielten sich nur noch durch Blockbuster am Leben – James Bond, STAR WARS und Steven Spielberg sei Dank. In dieser scheinbar hoffnungslosen Situation hing die Zukunft der britischen Filmindustrie am seidenen Faden. Eine Reihe von Ereignissen führte jedoch dazu, dass die 1980er Jahreletztlich mehr Licht als Schatten für den britischen Film bereithielten. Vier neue Entwicklungen waren dabei besonders relevant:

Erstens: Im März 1982 gewann mit dem Sportlerdrama CHARIOTS OF FIRE (1981) eine britische Produktion überraschend den Academy Award in der Kategorie Bester Film. Dieses Ausnahmeereignis konnte im Lauf des Jahrzehnts durch GANDHI (1982) und THE LAST EMPEROR (1987) gleich zweimal wiederholt werden, was nachdrücklich dafür sprach, dass britische Filme nach der Durststrecke der 1970er Jahre international wieder stärker wahrgenommen wurden.

Zweitens: Im November 1982 ging im Vereinigten Königreich neben BBC1, BBC2 und ITV ein vierter Fernsehsender in Betrieb, Channel Four. Dieser erwies sich als Segen für die Filmindustrie, denn er stellte vor allem für seine Sendereihe *Film on Four* Mittel für Filmproduktionen bereit, die – zuvor unüblich – zeitnah auch im Kino gezeigt werden durften. In der Folgezeit wurde Channel Four zu einem der wichtigsten Filmproduzenten und trug viel zur Rettung der Filmindustrie bei.

Drittens: Die Lücke, die der Rückzug großer Produktionsgesellschaften wie Rank und EMI hinterlassen hatte, konnte durch erfolgreiche Neugründungen geschlossen werden. Neben den Channel Four angegliederten Produktionsfirmen Channel Four Films (gegründet 1982) und FilmFour International (1985) waren dies vor allem die Firmen Goldcrest (1977), HandMade (1979), Palace Pictures (1983) und Working Title (1984). Zu einem Schwergewicht entwickelte sich vor allem Working Title. Das von Tim Bevan und Sarah Radclyffe gegründete Unternehmen produzierte bislang über 120 Filme, darunter zahlreiche Erfolgshits wie die RomComs von Richard Curtis (z.B. NOTTING HILL), die Komödien mit Rowan Atkinson (z.B. MR. BEAN'S HOLIDAY) und populäre Sozialdramen wie MY BEAUTIFUL LAUNDRETTE und BILLY ELLIOT. Working Title hat einen großen Anteil daran, dass der britische Film in den letzten Jahrzehnten auch international sehr erfolgreich war.

Viertens: Nach Erreichen des Tiefs von 54 Millionen verkauften Tickets im Jahr 1984 begannen sich die Zuschauerzahlen zu erholen. Einen erheblichen Anteil hieran hatte die Einführung der Multiplex Kinos. Im November 1985 eröffnete in Milton Keynes nordwestlich von London der *Point*, das erste Multiplex auf europäischem Boden. Mit der Auswahlmöglichkeit zwischen mehreren Filmen, neuester Vorführtechnik und einem großen Angebot an Snacks und Parkplätzen bot es ein völlig neues Kinoerlebnis und wurde vom Publikum sofort angenommen. Da man in den ersten zwei Jahren sensationelle zwei Millionen Eintrittskarten verkaufte, fand das Konzept schnell Nachahmer, und zwischen 1987 und 1991 entstanden 500 neue Kinosäle im Land. Die Ticketverkäufe hatten sich bis dahin im Vergleich zu 1984 nahezu verdoppelt.

Die Kehrseite dieser Entwicklung bestand in einem Massensterben kleiner, lokaler Kinos, die mit dem Angebot und Komfort der Multiplexe nicht mithalten konnten. Dieser Verdrängungsprozess entzündete eine Kulturdebatte, befeuert von einer befürchteten Verengung des Filmangebots auf massentaugliche, vorwiegend US-amerikanische Fließbandware und einem damit einhergehenden Verlust an Qualität und kultureller Vielfalt. Die Sorge war nicht unbegründet, dennoch war die britische Filmproduktion in der Folgezeit vielfältig und brachte überraschende neue Entwicklungen hervor, deren auffälligste das sogenannte Heritage Cinema war.

Heritage Cinema

Mit den Heritage-Filmen wurde ein neues Genre populär, das als essenziell britisch gelten kann. Heritage-Filme widmen sich der englischen Kultur und Gesellschaft, insbesondere den Sitten und Gebräuchen der Oberschicht und gehobenen Mittelschicht des 19. und frühen 20. Jahrhunderts. Zu den charakteristischen Merkmalen dieser Filme gehört eine starke Betonung des Visuellen. In prächtigen Bildern werden die pittoreske südenglische Landschaft und ihre herrschaftlichen Landhäuser in Szene gesetzt, auch die aufwändige Ausstattung von Innenräumen, Requisiten und Kostümen wird ausgiebig zur Schau gestellt. Die vergleichsweise ereignisarmen Handlungen schreiten gemächlich voran und legen Schwerpunkte auf Figurencharakterisierung und Dialoge. Im Mittelpunkt steht oft eine ganze Gruppe von Personen, um deren Konversationen, Intrigen und romantische Verwicklungen es geht. Die meisten Heritage-Filme sind Adaptionen von Werken aus dem Kanon der englischen Literatur von Autorinnen und Autoren wie Jane Austen, Charlotte und Emily Brontë, Henry James und Virginia Woolf sowie E. M. Forster, von dem kurz hintereinander fünf Romane verfilmt wurden: A PASSAGE TO INDIA (1984), A ROOM WITH A VIEW (1985), MAURICE (1987), WHERE ANGELS FEAR TO TREAD (1991) und HOWARDS END (1992).

Als Geburtsstunde des Heritage-Kinos gilt Hugh Hudsons CHARIOTS OF FIRE, die Geschichte der britischen Rennläufer Harold Abrahams (Ben Cross) und Eric Liddell (Ian Charleson), die bei den Olymischen Spielen 1924 in Paris Goldmedaillen gegen die Favoriten aus den USA gewannen. Der nachhaltige Eindruck, den CHARIOTS OF FIRE hinterließ, lag an seinen beachtlichen Erfolgen bei Publikum und Kritik. Mit 59 Millionen Dollar spielte er mehr als das Zehnfache seines Budgets ein, und er wurde mit vier Oscars prämiert –

ein damals seltener Triumph für einen britischen Film, der den Drehbuchautor Colin Welland bei der Preisverleihung zu dem Ausruf »The British are coming!« veranlasste. Er zitierte damit humorvoll den US-amerikanischen Freiheitskämpfer Paul Revere, der seine Landsleute beim Ausbruch des Unabhängigkeitskriegs vor dem Herannahen der britischen Armee warnte. Wiederholt und sogar überboten wurde der Erfolg schon im folgenden Jahr, als das Historienepos GANDHI (1982) mit acht Oscars ausgezeichnet wurde. Auch dieser Film siegte in den Kategorien Bester Film und Bestes Drehbuch, weitere Preise gingen u. a. an den Regisseur Richard Attenborough und den Hauptdarsteller Ben Kingsley.

Ein exquisites Ensemble und ein zurückhaltender, psychologisch nuancierter schauspielerischer Stil gehören ebenfalls zu den Kennzeichen des Heritage-Kinos. Einige Darsteller tauchten häufig in den Besetzungslisten auf und sind eng mit dem Genre assoziiert, darunter Veteranen wie Judi Dench, Denholm Elliott, John Gielgud, Nigel Hawthorne und Maggie Smith. Aber auch eine junge, um 1960 geborene Generation machte sich einen Namen mit den populären Prestigefilmen. Zu ihnen gehörten u. a. Rupert Everett, Hugh Grant, Rupert Graves, Jeremy Northam und James Wilby, ebenso wie Emma Thompson, die in der Jane-Austen-Adaption SENSE AND SENSIBILITY (1995) nicht nur die Hauptrolle spielte, sondern hierfür auch ihr erstes Spielfilmdrehbuch schrieb, das sogleich mit dem Oscar und dem Golden Globe prämiert wurde. Am engsten mit dem Heritage-Kino verbunden ist jedoch Helena Bonham Carter, die erstmals in James Ivorys A ROOM WITH A VIEW (1985) auf der Leinwand zu sehen war. In ihrer Hauptrolle als Lucy Honeychurch hinterließ sie sofort bleibenden Eindruck, und als sie kurz danach die Titelrolle in Trevor Nunns LADY JANE (1986) spielte, war sie schnell auf einen Typ festgelegt und wurde für zahlreiche Heritage-Filme gecastet. Für zwei dieser Rollen (THE WINGS OF THE DOVE und THE KING'S SPEECH) erhielt sie Oscar-Nominierungen. Um ihrem ungeliebten Image als »Korsett-Königin« zu entfliehen, nahm sie daneben auch möglichst konträre Rollen an, etwa in Filmen ihres Ex-Partners Tim Burton und als Hexe Bellatrix Lestrange in der HARRY POTTER-Reihe.

Einen Eckpfeiler des Heritage-Kinos bildete die Firma Merchant Ivory Productions, die von dem Regisseur James Ivory, dem Produzenten Ismail Merchant und der Drehbuchautorin Ruth Prawer Jhabvala getragen wurde. Sie steuerten zahlreiche Literaturverfilmungen bei, angefangen von den Henry-James-Adaptionen THE EUROPEANS (1979) und THE BOSTONIANS (1984) bis zu ihren letzten Filmen THE GOLDEN BOWL (2000) und THE WHITE COUNTESS (2005). Neben Klassikern von Henry James, E.M. Forster und Jean Rhys zogen sie auch zeitgenössische Quellen heran wie bei THE REMAINS OF THE DAY (1993) nach Kazuo Ishiguros gleichnamigem Roman, eine nachdenkliche Erzählung über den Butler Stevens (Anthony Hopkins), der sein Leben seiner beruflichen Pflicht opfert und sich der aufkommenden Romanze mit der Hausdame Miss Kenton (Emma Thompson) versagt, bis es für persönliches Glück zu spät geworden ist. Gewissermaßen die gegenteilige Lebenseinstellung illustriert die zu großen Teilen in Florenz spielende Sittenkomödie A ROOM WITH A VIEW, in der die Stimme des Herzens über die sozialen Konventionen siegt. Die Entscheidung der Protagonistin Lucy Honeychurch, ihren gezierten Verlobten Cecil Vyse (Daniel Day-Lewis) zu-

A ROOM WITH A VIEW: George und Lucy verlieben sich in Florenz

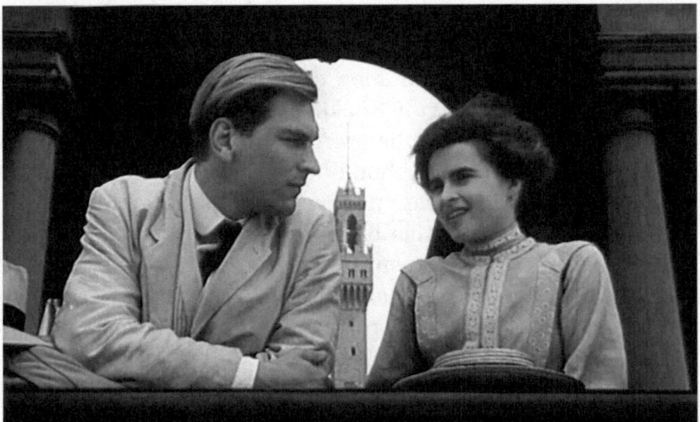

rückzuweisen und den lebensbejahenden George Emerson (Julian Sands) zu heiraten, wird in einer ikonischen Szene vorausgedeutet, in der George und Lucys Bruder Freddy (Rupert Graves) auf gesellschaftliche Spielregeln pfeifen, indem sie sich spontan ihrer Kleidung entledigen und nackt in einem Teich herumtollen – wo sie prompt von Cecil und Lucy ertappt werden. Für Merchant Ivory wurde A ROOM WITH A VIEW ein beispielloser Erfolg. Der Film spielte rund 60 Millionen Dollar ein und erhielt acht Oscar- und 14 BAFTA-Nominierungen.

Die Modewelle des Heritage-Kinos, die England besonders in den 1980er Jahren erfasste, lässt sich teilweise auf eine nostalgische Sehnsucht nach einer vermeintlich besseren viktorianischen und edwardianischen Vergangenheit zurückführen. Doch hier setzt auch der wiederholt erhobene Vorwurf des Eskapismus an. Mit ihrer glatten visuellen Oberfläche, so der Tenor der Kritik, verklärten Heritage-Filme die Vergangenheit und reduzierten sie auf die vergleichsweise banalen Probleme der weißen Oberschicht, während sie die bedrohliche Lage der unteren sozialen Schichten ausblendeten. Diese Konzeption sei darauf angelegt, von den aktuellen sozialen Problemen unter der damaligen Thatcher-Regierung abzulenken.

Shakespeare-Revival

Ein überraschendes Phänomen des späten 20. Jahrhunderts war die Renaissance von Shakespeare-Verfilmungen. Trotz Laurence Oliviers triumphalen Adaptionen der 1940er Jahre haftete dem elisabethanischen Barden jahrzehntelang das Etikett ›Kassengift‹ an, sodass nur wenige einschlägige Filme in Produktion gingen. Einige bedeutende Ausnahmen wurden von ausländischen Regisseuren wie Franco Zeffirelli (ROMEO AND JULIET, 1968) und Roman Polański (MACBETH, 1971) oder von Avantgardisten wie Derek Jarman (THE TEMPEST, 1979) inszeniert. Das Stigma des Unkommerziellen, das viele Produzenten abschreckte, widerlegte der nordirische Schauspieler Kenneth Branagh mit seinem Regiedebüt, als er eine düstere Neuverfilmung von HENRY V (1989) in die Kinos brachte.

Branagh tat einen entscheidenden Schritt, indem er seine Adaption nicht mehr nach den Traditionen des Theaters, sondern nach filmischen Konventionen ausrichtete. Besonders deutlich zeigte sich dies anhand der zentralen Schlacht von Azincourt. Konträr zu Oliviers romantisierter Darstellung inszenierte Branagh den Kampf gegen das französische Heer als grausames Gemetzel inmitten einer unheroischen Schlammwüste, und indem er das Abschlachten der Soldaten detailreich in Zeitlupe zeigte, knüpfte er an die realistische Ästhetik und abstoßende Wirkung der US-amerikanischen Vietnamfilme an. Dem damaligen Zeitgeist entsprechend orientierte sich Branaghs junger König an Prinzipien wie Aufrichtigkeit und Fairness und hegte große Skepsis gegenüber dem Krieg als politischem Mittel.

HENRY V, der begeistert aufgenommen wurde und Branagh Oscar-Nominierungen als bester Regisseur und bester Hauptdarsteller bescherten, erwies sich als filmhistorische Zäsur, denn er kündigte einen selbstbewussteren Umgang mit Shakespeare und der altehrwürdigen Theatertradition an. Branagh selbst setzte diesen Weg konsequent fort, etwa indem er Rollen mit etablierten Hollywoodstars besetzte. Die Auftritte von Denzel Washington und Keanu Reeves in Branaghs Komödie MUCH ADO ABOUT NOTHING (1993) sorgten zwar für Irritationen unter Shakespeare-Puristen, waren aber kein Vergleich zu dem Aufschrei der Kritiker, als Franco Zeffirelli kurz zuvor die Titelrolle in HAMLET (1990) mutig an Mel Gibson vergeben hatte. Auch Branagh inszenierte HAMLET (1996) und schaffte damit Historisches, denn als erster Regisseur überhaupt verfilmte er das Stück ungekürzt mit einer Laufzeit von gut vier Stunden. Die Verlegung der Handlung ins 19. Jahrhundert spiegelte einen allgemeinen Trend wider, die Stücke zu modernisieren. Branaghs LOVE'S LABOUR'S LOST (2000) kam im Stil eines Hollywood-Musicals der 1930er Jahre daher, ebenfalls in den 1930er Jahren war Richard Loncraines RICHARD III (1995) angesiedelt. Christine Edzards AS YOU LIKE IT (1992) spielte im zeitgenössischen London, und Ralph Fiennes wählte als historischen Hintergrund für sein Regiedebüt CORIOLANUS (2011) die Jugoslawienkriege der 1990er Jahre.

Die Shakespeare-Renaissance generierte auch ein neues Interesse an der Person des Dramatikers, das sich in mehreren biografischen Filmen niederschlug. Der bedeutendste war der Blockbuster SHAKESPEARE IN LOVE (1998), der 289 Millionen Dollar einspielte und für 13 Oscars und 15 BAFTA Awards nominiert wurde. John Madden inszenierte die romantische Komödie, in der Shakespeare (Joseph Fiennes) durch eine unglückliche Liebesaffäre zu seinem Stück *Romeo und Julia*

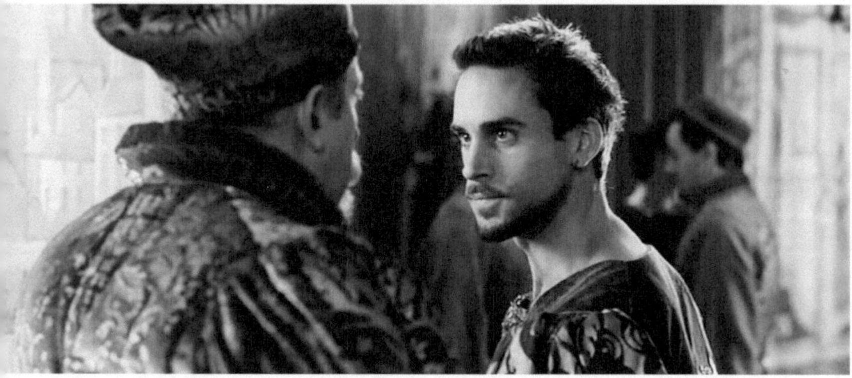

Shakespeare (Joseph Fiennes) bei der Premiere von *Romeo und Julia*

inspiriert wird. Der Film bestach vor allem durch das originelle Drehbuch von Marc Norman und Tom Stoppard, das mit zahlreichen Anspielungen auf die elisabethanische Literatur und die moderne Popkultur gespickt war.

Weitere britische Filme über Shakespeares Leben waren ANONYMOUS (2011), wo Regisseur Roland Emmerich alte Verschwörungstheorien über die angeblich wahre Autorenschaft von Shakespeares Dramen aufwärmte, sowie Kenneth Branaghs ALL IS TRUE (2018), ein stilles und eindrucksvolles Drama über die Zeit, als der Dramatiker in seine Heimatstadt Stratford-upon-Avon zurückkehrte und seinen Lebensabend im Schoß seiner Familie verbrachte. Branagh selbst spielte die Rolle des Barden, Judi Dench die seiner Ehefrau Anne Hathaway.

Der Boom der 1990er Jahre

Nach dem vergleichsweise bescheidenen Aufschwung der 1980er Jahre erlebte der britische Film im folgenden Jahrzehnt einen regelrechten Boom. Einige Zahlen können dies belegen: Während 1989 lediglich 30 Filme in britischen Studios produziert wurden, schnellte die Zahl auf 128 im Jahr 1996, den höchsten Wert seit 1957. Entsprechend stiegen die Investitionen in britische Filmproduktionen von 79 Millionen Pfund (1989) auf 560 Millionen (1996), und das durchschnittliche Budget pro Film kletterte von 3,6 Millionen Pfund (1990) auf 5,5 Millionen (1999).

Wichtiger als die nackten Zahlen war indes die Tatsache, dass britische Filme beim heimischen Publikum wieder populär wurden, ihr Anteil an den Kinoeinnahmen verdoppelte sich von 11% auf 23%. Sie spiegelten eine allgemeine positive Aufbruchstimmung, beflügelt durch den Aufstieg von New Labour unter dem charismatischen und mediengewandten Premierminister Tony Blair. Es war die Zeit, für die die Schlagworte ›Britpop‹ und ›Cool Britannia‹ geprägt wurden, um eine lebendige englische Kulturszene zu beschreiben, die, ähnlich wie in den 1960er Jahren, US-amerikanischen Importen Paroli boten. Dies wurde in der Musik mit Bands wie Oasis, Blur und Pulp ebenso sichtbar wie im Film. Die 1990er Jahre sahen nicht nur, wie die James-Bond-Filme nach einer sechsjährigen Unterbrechung mit GOLDENEYE (1995), TOMORROW NEVER DIES (1997) und THE WORLD IS NOT ENOUGH (1999) in die Kinos zurückkehrten, sie erfuhren auch eine Neubelebung durch zahlreiche Filme, die ihren britischen Charakter herauskehrten, anstatt ihn zu verleugnen und sich zugleich auf einem kreativen und cineastischen Niveau bewegten, das mühelos mit amerikanischen Standards mithalten konnte. Einen ersten sichtbaren Höhepunkt bildete die romantische Komödie FOUR WEDDINGS AND A FUNERAL (1994).

Richard Curtis und die romantische Komödie

Ab Mitte der 1990er Jahre gelangte mit der romantischen Komödie – kurz ›RomCom‹ – ein Genre zu enormer Popularität, das das Image des britischen Films ein Jahrzehnt lang maßgeblich prägte. Die meisten RomComs waren unverhohlen sentimentale Filme, die den unumstößlichen Glauben an die wahre Liebe propagierten und das Schicksal eines Paars verfolgten, das nach einigen Turbulenzen und Hindernissen sein Happy End fand. Der Aufstieg der britischen RomCom ist untrennbar mit dem Autor und Regisseur Richard Curtis und der Produktionsfirma Working Title verbunden. Curtis' Drehbuch zu FOUR WEDDINGS AND A FUNERAL setzte einen ganzen Zyklus romantischer Komödien in Gang, die auf den internationalen Markt abzielten. Der von Mike Newell inszenierte Film um einen Freundeskreis, der anlässlich mehrerer Hochzeiten immer wieder zusammenfindet, war ein Sensationserfolg. Mit einem Einspielergebnis von 245 Millionen Dollar stieß FOUR WEDDINGS in neue finanzielle Dimensionen vor und war der erste große Kassenerfolg für Working Title. Er erhielt Oscar-Nominierungen für den besten Film und das beste Drehbuch und gilt rückblickend als einer der einflussreichsten britischen Filme der 1990er Jahre.

Als cleverer Schachzug erwies sich die Besetzung des zentralen Liebespaars mit dem Engländer Hugh Grant und der Amerikanerin Andie MacDowell. Zum einen wurde die Rolle des liebenswerten, aber schüchternen und etwas unbeholfenen Junggesellen zu Grants Markenzeichen und machte ihn zu einem internationalen Star, zum anderen erleichterte das Casting eines weiblichen Hollywoodstars die Vermarktung in den USA und erweckte beim amerikanischen Publikum die Neugier auf weitere ›typisch britische‹ Filme. Zum Erfolg von FOUR WEDDINGS trug auch der eingängige Soundtrack bei, zu dem die schottische Band Wet Wet Wet den Song »Love Is All Around« beisteuerte, der nach dem Filmstart 15 Wochen lang Platz 1 der britischen Charts belegte. Viele nachfolgende britische RomComs orientierten sich an dieser Erfolgsformel und besetzten die Hauptrollen mit einem Briten und einer Amerikanerin, wie etwa Hugh Grant und Julia Roberts in NOTTING HILL (1999), Colin Firth und Renée Zellweger in den BRIDGET JONES-Filmen (2001, 2004, 2016), Paul Bettany und Kirsten Dunst in WIMBLEDON (2004) oder Simon Pegg und Lake Bell in MAN UP (2015).

Richard Curtis blieb als Drehbuchautor sehr produktiv. NOTTING HILL hatte viele Ähnlichkeiten zu FOUR WEDDINGS, übertraf dessen Erfolg mit 364 Millionen Dollar aber bei weitem und besaß zudem eine selbstreflexive Komponente, weil Julia Roberts einen berühmten Hollywoodstar spielte, der in England einen typischen Heritage-Film dreht. Curtis schrieb auch die Drehbücher zu den MR. BEAN-Filmen mit Rowan Atkinson sowie als Ko-Autor zu den beiden ersten BRIDGET JONES- Filmen. Mit LOVE ACTUALLY (2003), der es auf einen Erlös von 263 Millionen Dollar brachte, inszenierte Curtis erstmals selbst eine seiner eigenen Drehbuchvorlagen (2009 folgte die Zeitreisekomödie ABOUT TIME). LOVE ACTUALLY war gewissermaßen die Potenzierung der RomCom-Formel. Die Weihnachtskomödie beleuchtete nicht nur die Irrwege eines, sondern gleich eines runden Dutzends von Liebespaaren, an deren romantischen Verwicklungen das Publikum teilnehmen konnte. Angeführt von Hugh Grant wurde der Film von einem britischen All-Star-Ensemble um Chiwetel Ejiofor, Keira Knightley, Liam Neeson, Bill Nighy, Alan Rickman, Emma Thompson und vielen anderen getragen, die Curtis' Regiedebüt zu einem Hit machten, wenngleich viele Kritiker dem Film die kalte Schulter zeigten.

Erneuerung des Sozialdramas: Ken Loach und Mike Leigh

Nach dem Ende der *New Wave* verlagerte sich die Produktion realistischer und sozialkritischer Filme über die Arbeiterklasse weitgehend ins Fernsehen. Erst mit Beginn der 1990er Jahre kehrten sie sichtbar auf die Kinoleinwand zurück, angeführt von Ken Loach und Mike Leigh, zwei Filmemachern, die rund zwei Jahrzehnte zuvor ihre Spielfilmdebüts gegeben, dann aber für längere Zeit hauptsächlich fürs Fernsehen gearbeitet hatten.

Ken Loachs lange Karriere begann in den 1960er Jahren, als er mit dem Aufsehen erregenden Fernsehspiel CATHY COME HOME (1966) das Thema der Obdachlosigkeit ins Bewusstsein einer breiten Öffentlichkeit rückte. Beginnend mit POOR COW (1967) und KES (1969), den viele Kritiker als sein

Meisterwerk und einen der zentralen politischen Filme des britischen Kinos betrachten, lenkte Loach auch in seinen Spielfilmen die Aufmerksamkeit auf die Alltagsprobleme von Außenseitern und Unterprivilegierten der Gesellschaft. Um dies möglichst authentisch zu bewerkstelligen, nutzte er Stilmittel des Dokumentarfilms und setzte wenn möglich Laiendarsteller ein, die er zudem ermunterte, ihre Rollen zu improvisieren.

Seine produktivste Schaffensphase startete in den 1990er Jahren, als er in schneller Folge Filme inszenierte, die verschiedene soziale Missstände thematisierten, wie etwa Armut und Arbeitslosigkeit (RIFF-RAFF, 1991; RAINING STONES, 1993, SWEET SIXTEEN, 2002), häusliche Gewalt und Alleinerziehung (LADYBIRD, LADYBIRD, 1994) oder Alkohol- und Drogenabhängigkeit (MY NAME IS JOE, 1998). Loachs jüngere Arbeiten zeugen vom Versagen der Sozialsysteme und Existenzängsten, von denen zunehmend auch die Mittelschicht betroffen ist. Der Ton in seinen Dramen I, DANIEL BLAKE (2016) und SORRY WE MISSED YOU (2019) wurde hoffnungsloser und unversöhnlicher.

Nur selten milderte Loach die unbequemen Wahrheiten seiner Filme durch heitere Zwischentöne. Einige Filme besitzen dennoch komödienhafte Züge, wie RAINING STONES, LOOKING FOR ERIC (2009) und THE ANGELS' SHARE (2012). Letzterer schildert den Plan einer Gruppe sympathischer junger Kleinkrimineller, einige Flaschen aus einem Fass äußerst wertvollen Malt Whiskys abzufüllen, um mit dem Erlös ein neues Leben zu beginnen und erinnert damit nicht zufällig an den Plot klassischer Ealing-Komödien wie WHISKY GALORE!.

Loach ist zweifellos der beständigste unter den Realisten der *kitchen sink*-Tradition. Kompromisslos blieb er stets seiner sozialistischen Überzeugung treu und betonte die gemeinsamen Interessen der Arbeiter, die sie am besten durch Solidarität und Gemeinschaft wahrnehmen können. Seine Botschaft wurde in der Heimat nicht immer gerne gehört, und er war in Europa oft erfolgreicher als im Vereinigten Königreich. Ein Indiz hierfür ist die Tatsache, dass nicht weniger als 15 seiner Werke bei den Filmfestspielen in Cannes für die Goldene Palme nominiert wurden. Zwei davon, THE WIND

THAT SHAKES THE BARLEY (2006) und I, DANIEL BLAKE, gewannen die Trophäe.

Mike Leigh bezeichnete es einmal als sein zentrales Anliegen, außergewöhnliche Filme über das gewöhnliche Leben zu machen. Sein filmisches Schaffen ist weniger vom Dokumentarfilm als vom Theater geprägt, wo er seine Laufbahn als Dramatiker und Regisseur begann. Wie beim Theater ließ er später auch beim Film seine Schauspieler in langen Phasen des Probens ihre Rollen selbst entwickeln. In Tragikomödien wie HIGH HOPES (1988), LIFE IS SWEET (1990), SECRETS & LIES (1996) und ANOTHER YEAR (2010), die ihm zahlreiche Preise und Nominierungen als Regisseur und Drehbuchautor eintrugen, warf er sympathisierende Blicke auf das Leben einfacher Leute und ihre oft komplizierten und belasteten familiären Beziehungen. So wird in SECRETS & LIES die weiße Fabrikarbeiterin Cynthia (Brenda Blethyn) unvermittelt mit der Existenz ihrer schwarzen, inzwischen erwachsenen Tochter Hortense (Marianne Jean-Baptiste) konfrontiert, die sie bei der Geburt zur Adoption freigab. Dieses unerwartete Ereignis führt dazu, dass die wohlgehüteten Lügen und Geheimnisse in Cynthias Familie ans Licht kommen und sich das Leben aller Beteiligten verändert. Die Betroffenheit über die Schicksale seiner Figuren lockert Leigh immer wieder durch Humor und warme, optimistische Momente auf und macht seine Filme dadurch zugänglicher als die von Loach. Besonders deutlich wird dies in der Komödie HAPPY-GO-LUCKY (2008), die die 30-jährige Londoner Grundschullehrerin Poppy (Sally Hawkins) ein kurzes Stück durch ihren banalen Alltag begleitet. Ohne dass die Geschichte einen zwingenden Anfang oder Abschluss besitzt, versteht es Leigh, eine Magie um deren Hauptfigur zu entfalten, die das Publikum einfängt. Einige von ihm bevorzugte Schauspielerinnen und Schauspieler setzte Leigh in seinen Filmen häufiger ein, darunter Jim Broadbent, Lesley Manville, Ruth Sheen, Timothy Spall und Allison Stedman, die von 1973 bis 2001 mit ihm verheiratet war.

Ein Regisseur, der mit Loach und Leigh häufig in einem Atemzug genannt wird, ist Stephen Frears. Alle drei gehören derselben Generation an, inszenierten ihren ersten Spielfilm, als sie rund 30 Jahre alt waren und verlegten sich anschließend langezeit auf Fernsehproduktionen, bevor sie begannen, Kinofilme über Menschen aus den unteren Gesellschaftsschichten zu drehen. Während jedoch die Filme von Loach und Leigh in einem vorwiegend weißen, heterosexuellen Milieu spielen, setzte Frears hier markante Kontrapunkte. Frears war stark von den Filmen der *New Wave* beeinflusst und betrachtete die Regisseure Karel Reisz und Lindsay Anderson als seine Mentoren. Für beide hatte er in den 1960er Jahren als Regieassistent gearbeitet, bevor er in GUMSHOE (1971), einer Parodie auf Hollywoods Schwarze Serie mit dem *New Wave*-Star Albert Finney in der Hauptrolle, erstmals selbst Regie führte. In den 1980er Jahren sorgte Frears mit MY BEAUTIFUL LAUNDRETTE (1985) für Aufsehen. Der Low-Budget-Film im Auftrag von Channel Four war die erste Produktion von Working Title Films und wurde sogleich, besonders in den USA, ein Überraschungserfolg in den Arthouse-Kinos und gilt rückblickend als ein Schlüsselfilm der 1980er Jahren. Auf frische und originelle Art behandelte MY BEAUTIFUL LAUNDRETTE mehrere Reizthemen der damaligen Zeit: ethnische und sexuelle Diversität, die Situation der asiatischen Community in Großbritannien, die National Front und die Wirtschaftspolitik der Thatcher-Regierung. Der Film erzählt die Geschichte von Omar (Gordon Warnecke), einem jungen pakistanischstämmigen Londoner, der von seinem Onkel das Angebot bekommt, einen schäbigen Waschsalon zu übernehmen. Gemeinsam mit einem ehemaligen Schulfreund, dem ebenfalls arbeitslosen Engländer Johnny (Daniel Day-Lewis), renoviert Omar den Salon. Dabei werden die beiden nicht nur Geschäftspartner, sondern auch ein Paar. Bemerkenswert für die damalige Zeit war, dass Frears das Thema Homosexualität, das er wenig später in PRICK UP YOUR EARS (1987) erneut aufgriff, gänzlich unaufgeregt behandelte, ohne es in den Vordergrund zu rücken oder zu problematisieren. Für Daniel Day-Lewis war es ein glücklicher Zufall, dass MY BEAUTIFUL LAUNDRETTE am selben Tag in New York Premiere hatte wie A ROOM WITH A VIEW, in dem er ebenfalls auftrat. Dies veranlasste viele Kritiker zu Lobeshymnen darüber, wie glaubwürdig es dem Schauspieler gelang, zwei so gegensätzliche Figuren wie den extrovertierten, schwulen Punk Johnny und den weltentrückten Feingeist Cecil Vyse zu verkörpern.

Mit THE SNAPPER (1993) und THE VAN (1996) drehte Frears weitere Sozialkomödien, doch er legte sich nicht auf bestimmte Genres, Themen, Stilmittel oder Produktionsländer fest. So inszenierte er in den USA u.a. das Kostümdrama DANGEROUS LIAISONS (1988), den Krimi THE GRIFTERS (1990), den Horrorfilm MARY REILLY (1996) und die Beziehungskomödie HIGH FIDELITY (2000). DANGEROUS LIAISONS brachte Frears den internationalen Durchbruch, seine kommerziell erfolgreichste Phase begann jedoch erst nach der Jahrtausendwende.

Dass das tragikomische Sozialdrama zum populärsten britischen Genre der 1990er Jahre wurde, hatte es im Wesentlichen drei Filmen zu verdanken, die zwischen Februar 1996 und August 1997 erschienen: Danny Boyles TRAINSPOTTING (1996), Mark Hermans BRASSED OFF (1996) und Peter Cattaneos THE FULL MONTY (1997).

Danny Boyle begann als Theater- und Fernsehregisseur, bevor er seine ersten Kinofilme im Team mit dem Drehbuchautor John Hodge und dem Produzenten Andrew Macdonald inszenierte. Gemeinsam schufen sie die schwarze Komödie SHALLOW GRAVE (1994). Boyles stylische Regie, der unverbrauchte Schauplatz Edinburgh und die jungen, noch unbekannten Darsteller Ewan McGregor, Christopher Eccleston und Kerry Fox bildeten eine erfrischende Mischung, die bei Publikum und Kritik großen Anklang fand. Verkörperte McGregor hier den Typus des selbstsicheren Yuppies, repräsentierte er in TRAINSPOTTING als Junkie Mark Renton eine gänzlich andere Facette der hedonistischen Jugend der Nineties.

TRAINSPOTTING, die Verfilmung eines Romans des schottischen Autors Irvine Welsh, spielt in Edinburgh in einem kleinen Freundeskreis junger Männer, die sich am unteren Ende der sozialen Hierarchie bewegen und mit Hilfe harter Drogen ihren Alltag bewältigen. In einem berühmt gewordenen Monolog informiert uns der Voiceover-Erzähler Renton darüber, dass er den Slogan »Sag Ja zum Leben« ablehnt: »Ich hab zum Ja-Sagen Nein gesagt. Und der Grund dafür? Es gibt keinen Grund dafür. Wer braucht Gründe, wenn er Heroin hat?« Im Gegensatz zur dokumentarisch beobachtenden Distanz der klassischen Sozialdramen präsentierte der Film die Subkultur der Außenseiter subjektiv und hochstilisiert, stets darauf bedacht, das Elend, aber auch die Ekstase des Drogenkonsums visuell nachvollziehbar zu machen. Das ikonischste Beispiel hierfür ist eine Szene, in der Renton auf einer öffentlichen Toilette kopfüber in eine ekelerregend verdreckte Kloschüssel eintaucht, um seine dort verlorenen Drogenzäpfchen zu suchen. In seiner Fantasie verwandelt sich die Kloake in eine kristallklare Unterwasserlandschaft, die einen Schatz birgt. TRAINSPOTTING spielte 72 Millionen Dollar ein und wurde damit die erfolgreichste britische Produktion des Jahres 1996. Er schaffte es unter die Top Ten der BFI-Liste der 100 besten britischen Filme und erlangte praktisch umgehenden Kultstatus. Der vielleicht wichtigste Effekt von TRAINSPOTTING war jedoch, dass er dem britischen Film ein neues Image verlieh. Fernab der zurückhaltenden Literaturverfilmungen des Heritage-Kinos war hier etwas Cooles und Aufregendes entstanden, vergleichbar mit dem Hype um britische Filme, den GOLDFINGER und A HARD DAY'S NIGHT drei Jahrzehnte zuvor ausgelöst hatten.

Ebenfalls mit Ewan McGregor in der Hauptrolle, aber stilistisch wesentlich konventioneller, wurde BRASSED OFF die zweiterfolgreichste britische Produktion 1996 nach TRAINSPOTTING. Auch hier ging es um die Verlierer der britischen Gesellschaft, diesmal jedoch nicht um jugendliche Aussteiger, sondern um die Beschäftigten der nordenglischen Kohleindustrie, die unter der rigorosen Wirtschaftspolitik Margaret Thatchers massenhaft ihre Arbeit verloren. Nach seinem eigenen Drehbuch inszenierte Mark Herman eine großartige Tragikomödie über die Blaskapelle einer von der Schließung bedrohten Zeche. Als sich am Schluss der Lebenstraum des todkranken Kapellmeisters Danny (Pete Postlethwaite) erfüllt und seine Kumpel die nationale Meisterschaft gewinnen, weist er die Auszeichnung zurück und hält eine bewegende Rede über die Auswirkungen einer Politik, die ganze Industriezweige und die damit verbundenen menschlichen Existenzen vernichtet. Wie sehr sich der Film auch als konkrete Abrechnung mit der ›Eisernen Lady‹ Margaret Thatcher verstand, verdeutlicht sein italienischer Verleihtitel, GRAZIE, SIGNORA THATCHER.

BRASSED OFF verzichtete auf ein Happy End und ließ sein Publikum betroffen zurück, ganz im Gegensatz zu THE FULL MONTY, wo es auch um Massenentlassungen in der Schwerindustrie und den Verlust männlichen Selbstwertgefühls ging. THE FULL MONTY wurde der größte Überraschungserfolg der 1990er Jahre. Trotz ihres geringen Budgets von 3,5 Millionen Dollar spielte die eher unscheinbare Komödie weltweit 258 Millionen ein und katapultierte sich damit auf den Rang des damals erfolgreichsten britischen Films aller Zeiten. Im Zentrum der Handlung steht der arbeitslose Stahlarbeiter Gaz (Robert Carlyle), der sich auf der Suche nach dringend benötigtem Einkommen von der Strippergruppe The Chippendales inspirieren lässt, deren Auftritt bei den Frauen seiner Heimatstadt Sheffield für Begeisterung sorgt. Das schnelle Geld witternd, stellt Gaz kurz entschlossen eine bunte Truppe von sechs Männern zusammen, um eine Stripshow aufzuführen. Als besondere Attraktion wollen sie dabei die volle Montur (»the full monty«) ablegen. Der Plan ist mutig, denn das Sextett ist schmalbrüstig wie Gaz, übergewichtig

Ganz oder gar nicht: Sieben Kerle ziehen blank

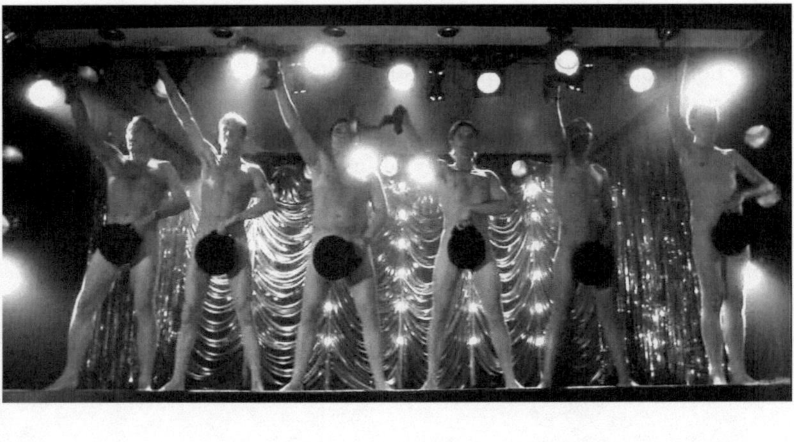

wie sein Kumpel Dave (Mark Addy), und nicht mehr ganz jugendlich frisch wie Gerald (Tom Wilkinson). Entgegen allen Erwartungen endet der Film mit einem triumphalen Auftritt zu den Klängen von Tom Jones' »You Can Leave Your Hat On« und der Erkenntnis, dass die sympathischen Loser ihr Selbstwertgefühl zurückgewonnen haben, weil sie über sich hinausgewachsen sind. Es war übrigens die Filmkomponistin Anne Dudley, die einzige Oscar-Gewinnerin von THE FULL MONTY, die Tom Jones bat, den alten Hit von Randy Newman für den Film zu covern.

Die gewagte Verbindung aus deprimierendem Sozialdrama und optimistischer Feel-Good-Komödie erwies sich als Volltreffer. Neben sehr positiven Kritiken erhielt THE FULL MONTY Oscar-Nominierungen in den Kategorien Bester Film, Beste Regie und Bestes Originaldrehbuch. Die BAFTA Awards, die Robert Carlyle und Tom Wilkinson für ihre Haupt- bzw. Nebenrolle gewannen, pushten deren Karrieren, während Regisseur Peter Cattaneo nicht mehr an den Erfolg seines Debütfilms anknüpfen konnte.

Peter Greenaway und das experimentelle Autorenkino

Wenn die Bezeichnung *auteur* auf einen britischen Filmemacher zutrifft, dann auf Peter Greenaway, der mit seinen intellektuellen Filmen auf eine radikale Erneuerung der Filmsprache abzielte. Er strebte nach einem Kino der Ideen, das sich nicht an den Konventionen einer narrativen Handlung orientiert, sondern an abstrakten Strukturierungs- und Ordnungssystemen, an Katalogen, Listen, Symmetrien oder Zahlenfolgen. Ein anschauliches Beispiel hierfür lieferte DROWNING BY NUMBERS (1988), wo sich die Ziffern 1 bis 100 in chronologischer Reihenfolge durch den Film ziehen, teils in den Dialogen, teils in den Bildern versteckt. Greenaway parodierte damit das traditionelle Erzählkino: Hier wie dort, so seine Ansicht, war es das Nebensächliche, das die Aufmerksamkeit des Publikums beansprucht und es vom Wesentlichen ablenkt – seien es Zahlen oder eine narrative Handlung.

Die Begriffe Film und Kunst lassen sich in Greenaways Œuvre nicht trennen. Als künstlerisches Multitalent betätigte er sich als Maler, Zeichner, Schriftsteller, Aktionskünstler und Kurator sowie als Drehbuchautor, Regisseur und Cutter. Auch in seinen Filmen überschritt Greenaway Mediengrenzen und verwendete häufig Techniken aus anderen Künsten, etwa die von der Malerei übernommene Tiefenschichtung seiner filmischen Bilder. Zudem drehen sich die meisten seiner Filme um eine spezifische Kunstform, wie die Malerei in THE DRAUGHTSMAN'S CONTRACT (1982) und NIGHTWATCHING (2007), die Architektur in THE BELLY OF AN ARCHITECT (1987), das Theater in PROSPERO'S BOOKS (1991) und THE BABY OF MÂCON (1993), die Kalligrafie und Schriftstellerei in THE PILLOW BOOK (1996) oder die Filmkunst selbst in 8 1/2 WOMEN (1999). Eine konsequente Weiterentwicklung seiner Idee vom Film als Gesamtkunstwerk repräsentiert das 2003 begonnene transmediale Projekt THE TULSE LUPER SUITCASES, das aus mehreren Filmen, DVDs, Büchern, Videospielen, Ausstellungen u. a. besteht.

Grundlegende Aussagen zur Stellung des Künstlers in der Gesellschaft traf Greenaway in seinem kommerziell erfolgreichsten Film, THE COOK, THE THIEF, HIS WIFE & HER LOVER (1989). Im Zentrum dieses Films steht der Konflikt zwischen einem Gourmetkoch (Richard Bohringer), der den Archetyp des Künstlers repräsentiert, und seinem wichtigsten Kunden, dem Gangster Spica (Michael Gambon). Der Film zeigt ein Dilemma auf, mit dem sich Greenaway als Filmemacher selbst konfrontiert sah: Obwohl der Künstler von seinem Förderer finanziell abhängig ist und seine Kunst erst durch ihn erschaffen kann, verachtet er ihn zutiefst, weil er ein Banause ist und die Kunst nicht zu goutieren weiß.

Zwischen England und Hollywood: Ridley Scott und Alan Parker

Immer wieder brachte Großbritannien Regisseure hervor, die nach einem erfolgreichen Debüt sehr schnell von US-amerikanischen Studios unter Vertrag genommen wurden. Exemplarisch hierfür können Ridley Scott und Alan Parker genannt werden, die mehrere Gemeinsamkeiten besaßen: Beide arbeiteten zunächst für das Fernsehen und gründeten eigene

Produktionsfirmen zur Herstellung zahlreicher preisgekrönter Werbespots – ein für die 1970er Jahre nicht unüblicher Karrierestart späterer Kinoregisseure. Während ihres mehrere Jahrzehnte umspannenden Schaffens pendelten beide zwischen britischen und amerikanischen Studios und konnten beiderseits des Atlantiks große kommerzielle Erfolge feiern, wobei sie in verschiedensten Genres arbeiteten.

Die von Ridley Scott inszenierten Spielfilme nahmen bislang weltweit rund 4,6 Milliarden Dollar an den Kinokassen ein, damit belegt Scott Rang 10 der erfolgreichsten Filmregisseure aller Zeiten (Stand April 2024). Als er 2018 den Ehrenpreis der British Academy of Film and Television Arts erhielt, wurde er in der Laudatio als einer der großen britischen Filmemacher bezeichnet, dessen Werk einen unauslöschlichen Eintrag in der Filmgeschichte hinterlassen habe.

Wie Peter Greenaway perfektionierte Scott ein angeborenes Zeichentalent an einer Kunsthochschule und nutzte es später in seinem Filmschaffen, um visuell überwältigende Bilder zu gestalten. Die ausdrucksstarke Visualität zeigte sich bereits in seinem zweiten Film, ALIEN (1979), mit dem er die Ästhetik des Science-Fiction-Genres revolutionierte. ALIEN wurde umgehend ein Klassiker und begründete mit seiner neuartigen Kombination aus Science Fiction und Survivalhorror den seither oft kopierten Prototyp eines neues Subgenres. Modellbildend wirkte auch die bahnbrechende Heldinnenrolle der Ellen Ripley, die Sigourney Weaver in dem Film verkörperte. ALIEN entwickelte sich zu einem eigenen Franchise, das bis zu ALIEN: ROMULUS (2024) sechs Nachfolgefilme generierte, zwei davon – PROMETHEUS (2012) und ALIEN: COVENANT (2017) – inszeniert von Scott.

Seine scheinbar mühelose Fähigkeit, Filmklassiker und wahre Kultfilme wie die britisch-amerikanischen Koproduktionen BLADE RUNNER (1982), THELMA & LOUISE (1991) und GLADIATOR (2000) zu erschaffen, hat Scott in zahlreichen Genres unter Beweis gestellt. Sein heterogenes Œuvre umfasst Science Fiction, historische Epen, Horror- und Fantasyfilme ebenso wie Komödien, Romanzen, Road Movies, Thriller und Agentenfilme. Dabei lässt sich von seinem ersten Spielfilm, THE DUELLISTS (1977) bis zu seinem Geschichtsepos NAPOLEON (USA 2023) eine gewisse Vorliebe für historische Sujets und für Motive des Kriegsfilms erkennen. Eine weitere Konstante bilden die vielen starken Frauenrollen, die sich von Ellen Ripley und den Kultfiguren Thelma und Louise (Susan Sarandon, Geena Davis) bis zu Marguerite de Carrouges (Jodie Comer) in THE LAST DUEL (GB/USA 2021) durch Scotts Filme ziehen.

Nachdem er bei den Filmfestspielen von Cannes für THE DUELLISTS sogleich den Preis für das beste Erstlingswerk erhalten hatte, konnte Scott mit keinem seiner Filme bei einem bedeutenden Festival gewinnen. Auch Regie-Auszeichnungen bei den Oscarverleihungen und den BAFTA-Awards blieben ihm bislang verwehrt.

Dies hat ihm Alan Parker voraus, der für MIDNIGHT EXPRESS (1978) immerhin den BAFTA Award als bester Regisseur erhielt. Parker debütierte mit dem Musical BUGSY MALONE (1976), einer Parodie auf amerikanische Gangsterfilme, deren gesamtes Ensemble aus Kindern und Teenagern bestand, unter ihnen die 13-jährige Jodie Foster, der Parker bescheinigte, dass sie jederzeit von ihm die Regie übernehmen könnte, sollte er erkranken. Frustriert von der Schwerfälligkeit der britischen Filmindustrie inszenierte Parker bald Filme für amerikanische Studios, darunter bekannte Werke wie FAME (USA 1980) und ANGEL HEART (USA 1987). Zwischendurch drehte er jedoch immer wieder in der Heimat, wo er unter anderem das bildgewaltige Musical-Drama PINK FLOYD – THE WALL (1982) schuf, das – weitgehend ohne herkömmliche Handlung und Dialoge – die Erinnerungen des Rockmusikers Pink (Bob Geldof) bebildert, der vereinsamt in einem Hotelzimmer dem Wahnsinn verfällt. Ein großartiger Publkumserfolg wurde Parkers irisch-britischer Kultfilm THE COMMITMENTS (1991) über eine Dubliner Soulband, deren Mitglieder (wie einige der Laiendarsteller selbst) für eine kurze Zeit des Ruhms aus ihrem Arbeitsalltag ausbrechen, bevor sich die Band wieder trennt. THE COMMITMENTS war die Adaption des ersten Teil der sogenannten Barrytown-Romantrilogie von Roddy Doyle, die von Stephen Frears mit THE SNAPPER und THE VAN fortgesetzt wurde.

8 Gegenwartstendenzen: 2001–2024

Franchises: Harry Potter und James Bond

Dank seiner zwei lukrativsten Franchises, der Harry-Potter- und der James-Bond-Filmreihe, startete der britische Film höchst profitabel ins 21. Jahrhundert. Gemessen an den Einspielergebnissen von ca. 7,7 Milliarden Dollar schlossen die Verfilmungen der *Harry Potter*-Romane innerhalb von nur zehn Jahren zu der langlebigsten und bis dahin mit Abstand erfolgreichsten britischen Filmreihe um den Agenten 007 auf.

Unter den wachsamen Augen von Autorin J.K. Rowling und Produzent David Heyman blieben die zwischen 2001 und 2011 produzierten Blockbuster eng an den Romanvorlagen und bewahrten vor allem deren britischen Charakter, obwohl sie durch eines der großen amerikanischen Studios (Warner Bros) finanziert wurden. Zum Erfolg der HARRY POTTER-Filme trug zudem die kluge Entscheidung bei, die unerfahrenen Kinderstars Daniel Radcliffe, Emma Watson und Rupert Grint durch eine Top-Riege britischer Schauspielerinnen und Schauspieler zu unterstützen, darunter Helena Bonham Carter, Robbie Coltrane, Ralph Fiennes, Michael Gambon, Richard Harris, Gary Oldman, Alan Rickman, Maggie Smith und Emma Thompson. Dem amerikanischen Regisseur Chris Columbus fiel mit dem Auftaktfilm HARRY POTTER AND THE PHILOSOPHER'S STONE (2001) die Herkulesaufgabe zu, Rowlings Zaubererwelt erstmals visuell in Szene zu setzen. Dies gelang ihm bravourös und kindgerecht, doch nach dem zweiten Teil, HARRY POTTER AND THE CHAMBER OF SECRETS (2002) zog sich Columbus zurück. Die Wahl für die Regisseure der beiden folgenden Filme fiel auf den Mexikaner Alfonso Cuarón bzw. den Engländer Mike Newell. Dieser Wechsel trug Früchte: Beide Regisseure brachten einen dunkleren, komplexeren und visuell wesentlich moderneren Ton in die Filmreihe und überführten sie damit von ihrem ursprünglichen 1950er-Jahre-Charme ins 21. Jahrhundert. Insbesondere Cuaróns HARRY POTTER AND THE PRISONER OF

AZKABAN (2004) war es auch zu verdanken, dass die Serie insgesamt erwachsener und naturalistischer wurde und sich die einzelnen Sets zu einem homogenen Gesamtbild verbanden. Newell übernahm in HARRY POTTER AND THE GOBLET OF FIRE (2005) viele dieser Elemente und betonte zudem den Thriller-Charakter seines Films. Danach wurde der englische TV-Regisseur David Yates zum Stammregisseur, der die letzten vier Teile der Potter-Saga inszenierte. Er brachte in HARRY POTTER AND THE ORDER OF THE PHOENIX (2007) eine politische Komponente in die Reihe und interessierte sich allgemein stärker für die Psychologie und Gefühle der Figuren, was auch in HARRY POTTER AND THE HALF-BLOOD PRINCE (2009) deutlich wurde, dem Yates den Charakter einer romantischen Komödie verlieh. Der abschließende Teil, HARRY POTTER AND THE DEATHLY HALLOWS (2010, 2011), wurde in zwei separate Filme aufgesplittet, eine Option, die man schon ab dem vierten Teil in Erwägung gezogen, aber immer wieder verworfen hatte. Wie alle Folgen der HARRY POTTER-Serie besaß auch der Abschlussteil seinen ganz eigenen Charakter und wurde, da er als einziger nicht hauptsächlich in der Hogwarts-Schule spielte, zu einer Art Road Movie.

David Yates inszenierte anschließend auch die drei bislang erschienenen Folgen der Spin-Off-Reihe FANTASTIC BEASTS (2016, 2018, 2022). Es sind nicht nur diese Spin-Offs, sondern vor allem die Fortschreibungen über mediale Grenzen hinweg (z. B. in Form von Theaterstücken, Brett- und Videospielen, Cosplays, Fan Fiction und zahllosen Online-Inhalten), die HARRY POTTER zu einem Musterbeispiel für Transmedialität und weltweites Merchandising machten.

Filmhistorisch betrachtet fallen an der HARRY POTTER-Reihe zwei Aspekte ins Auge: Zum einen ist die Abwesenheit von Hollywoodstars ein Indiz für das neue Selbstbewusstsein, das in der britischen Filmindustrie ab Mitte der 1990er Jahre zu beobachten war. Ebenso wie die Erfolgswelle um TRAINSPOTTING, THE FULL MONTY, NOTTING HILL und LOVE ACTUALLY ist die HARRY POTTER-Saga so gesehen ein Kind von ›Cool Britannia‹ und ein Triumph von Britishness. Zum anderen war HARRY POTTER wahrscheinlich die erste für Kinder konzipierte Filmreihe, auf die sich auch Erwachsene ohne Herablassung und ironische Distanz einließen. Inspiriert von deren Erfolg erlebte das Fantasy-Genre in Großbritannien eine ungeahnte Blüte und brachte zahlreiche einschlägige Filme mit jugendlichen Protagonisten hervor, wie etwa THE GOLDEN COMPASS (2007), die NANNY MCPHEE-Filme (2005, 2010) und die CHRONICLES OF NARNIA-Trilogie (2005, 2008, 2010).

Die James-Bond-Filmreihe schien demgegenüber in die Jahre gekommen zu sein, bevor sie ab 2006 unter dem neuen Hauptdarsteller Daniel Craig einer Runderneuerung unterzogen wurde und wieder stärker zu ihren Wurzeln zurückkehrte. Mit seiner harten No-Nonsense-Attitüde und seiner physischen Präsenz knüpfte Craig erstmals wieder an Sean Connerys Darstellung des Agenten an. Craigs Debütfilm CASINO ROYALE (2006) basierte nach langer Zeit wieder auf einer originalen Romanvorlage von Ian Fleming und wurde auf Anhieb zum bis dahin ertragreichsten Bond-Film. Übertroffen wurde dies von dem zum 50-jährigen Jubiläum der Filmreihe erschienenen SKYFALL (2012), der zahlreiche Anspielungen auf frühere Bond-Filme enthielt und mit einem Einspielergebnis von knapp 1,2 Milliarden Dollar zum seinerzeit erfolgreichsten britischen Film aller Zeiten aufstieg. Ähnlich großen Zuspruch fanden SPECTRE (2015) und NO TIME TO DIE (2021), sodass im Jahr 2023 gleich drei von Craigs fünf Bond-Filmen in den Top Sieben der erfolgreichsten britischen Filme rangierten. Wichtige Beigaben waren die hochrangigen Besetzungen der Nebenrollen mit Judi Dench und Ralph Fiennes als Bonds Vorgesetzte und internationalen Stars wie Mads Mikkelsen, Javier Bardem und Christoph Waltz als dessen Gegenspieler. Craig, Ehemann der englischen Schauspielerin Rachel Weisz, gab während der Dreharbeiten zu NO TIME TO DIE seinen Ausstieg aus dem Franchise bekannt. Er verkörperte den ersten Bond, der im Dienst Ihrer Majestät ums Leben kam.

Mehrere zu Beginn des Jahrhunderts produzierte Parodien der Bond-Filmreihe waren ein sicheres Anzeichen dafür, dass der Mythos des Agenten 007 nach wie vor lebendig ist. In der Slapstick-Tradition der MR. BEAN- und PINK PANTHER-Filme präsentierte sich der Komiker Rowan Atkinson in der

Titelrolle des tölpelhaften Geheimagenten JOHNNY ENGLISH (2003). Die Komik wirkte – etwa im Vergleich zu Mike Myers' kurz zuvor erschienenen US-amerikanischen AUSTIN POWERS-Filmen – eher abgedroschen und wenig originell, sodass der Film trotz Atkinsons enormer Popularität beim britischen Publikum nur mittelmäßige Kritiken erntete. Nichtsdestoweniger folgten mit längeren Abständen zwei Fortsetzungen, JOHNNY ENGLISH REBORN (2011) und JOHNNY ENGLISH STRIKES AGAIN (2018).

Subtiler ging Matthew Vaughn als Drehbuchautor, Regisseur und Produzent in seiner Bond-Persiflage KINGSMAN: THE SECRET SERVICE (2014) zu Werke. Vaughns Zugang zum Agentengenre lässt sich gut anhand eines Dialogs zwischen dem Gentleman-Spion Harry Hart (Colin Firth) und dem Bösewicht Valentine (Samuel L. Jackson) illustrieren die sich beim Abendessen über James-Bond-Filme unterhalten: »Sagen Sie, mögen Sie Agentenfilme?«, fragt Jackson, und Firth entgegnet, »Für meinen Geschmack sind die heutigen alle ein wenig zu ernst.« Tatsächlich würde KINGSMAN selbst einen guten Bond-Film abgeben, wenngleich der Humor dominanter, die Gewalt überhöhter und die Figuren wesentlich englischer sind als bei dem berühmten Vorbild. KINGSMAN spielte das Fünffache seines 80-Millionen-Dollar-Budgets ein und Vaughn erweiterte seinen Film zu einer Trilogie mit der Fortsetzung KINGSMAN: THE GOLDEN CIRCLE (2017) und dem Prequel THE KING'S MAN (2021).

Monarchiefilme

Der Filmhistoriker Andrew Higson errechnete, dass zwischen 1990 und 2009 insgesamt 220 historische Filme im Vereinigten Königreich produziert wurden. Hiervon spielten 30 Filme im Mittelalter, 20 im Zeitraum 1500-1800, 120 zwischen 1800 und 1939 und 50 in der Zeit nach dem Ausbruch des Zweiten Weltkriegs. Auch nach 2009 blieb die Popularität historischer Filme ungebrochen, und es waren insbesondere Filme über das englische Königshaus, die im 21. Jahrhundert ein beispielloses Revival erlebten – eine Entwicklung, die sich bereits in den 1990er Jahren mit THE MADNESS OF KING GEORGE

(1994) und ELIZABETH (1998) angekündigt hatte. Die meisten dieser Filme boten nur wenig Raum für Nostalgie und Bilderbuch-Romantik, stattdessen offenbarten die filmischen Blicke hinter die Kulissen der Paläste emotionale Kälte, männlichen Chauvinismus und traditionalistischen Starrsinn. Mit wenigen Ausnahmen stand dabei die weibliche Perspektive im Zentrum, die zeigte, wie Frauen von der Tudorzeit bis in die jüngste Vergangenheit gegen männliche Vorurteile und Machtansprüche ankämpfen mussten. Besonders drastisch formuliert es Anne Boleyns Mutter (Kristin Scott Thomas) in THE OTHER BOLEYN GIRL (2008), indem sie beklagt, dass Frauen am Hof Heinrichs VIII. »wie Vieh für das Vergnügen von Männern verschachert« würden.

Die Tendenz zu filmischen Darstellungen der Monarchie aus feministischer Sicht begann mit dem extravaganten Biopic ELIZABETH. Der indische Regisseur Shekhar Kapur inszenierte mit seinem ersten englischsprachigen Film ein farbenprächtiges, melodramatisches Spektakel, das die historischen Fakten großzügig auslegte und mehr Ähnlichkeit mit einem Thriller besaß als mit einem herkömmlichen Heritage-Film. Der Film begleitet die junge, noch unerfahrene Königin Elisabeth I. (Cate Blanchett) bei einem Lernprozess: Am Hof, einer Brutstätte für Eifersucht, Machtgier und Intrigen, droht sie in den frühen Jahren ihrer Regentschaft zum Spielball politischer und religiöser Machtinteressen zu werden. Doch sie beginnt, das verräterische Treiben fast aller Männer am Hof zu durchschauen und beschließt, künftig nur noch ihren eigenen Überzeugungen zu folgen, etwa indem sie sich beharrlich weigert, aus politischem Kalkül eine Ehe einzugehen und sich stattdessen als ›jungfräuliche Königin‹ stilisiert, die mit England verheiratet sei. Wie kühn dieser Schritt war, wird deutlich, wenn sich Elisabeths loyaler politischer Berater William Cecil (Richard Attenborough) zu der Bemerkung veranlasst sieht, »Verzeiht mir Madame, Ihr seid nur eine Frau.« Die Nebenrollen der zahlreichen Gegenspieler sind prominent besetzt, von John Gielgud über Joseph Fiennes und Christopher Eccleston bis zu Daniel Craig. Der unumschränkte Star des Films ist jedoch Cate Blanchett, die eine herausragende Darbietung liefert und sich in der Nachfolge

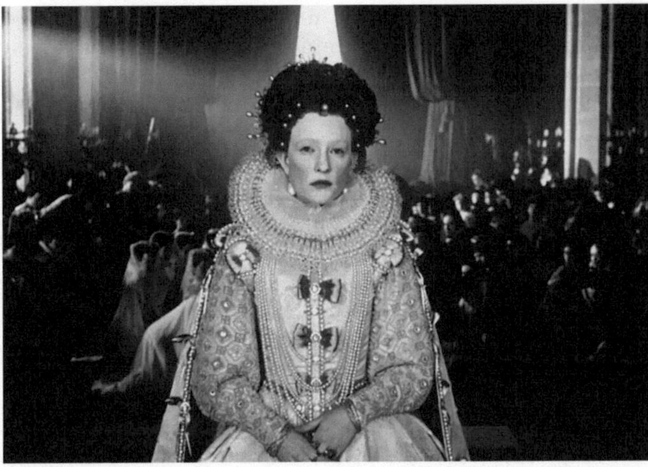

Cate Blanchett als ›jungfräuliche Königin‹ in ELIZABETH

illustrer Vorgängerinnen in der Rolle Königin Elisabeths (u. a. Jean Simmons, Bette Davis, Glenda Jackson, Vanessa Redgrave) eindrucksvoll behauptet. Bei den Oscarverleihungen 1999 kam es zu dem Präzedenzfall, dass zwei Schauspielerinnen für die gleiche Rolle für den Academy Award nominiert wurden, denn auch Judi Dench spielte Elisabeth I. in SHAKESPEARE IN LOVE – allerdings als Nebendarstellerin. Während Dench den Preis erhielt, unterlag Blanchett zum Entsetzen vieler Kritiker ihrer amerikanischen Kollegin Gwyneth Paltrow, ebenfalls für eine Rolle in SHAKESPEARE IN LOVE.

Dass auch Frauen zu perfidem Intrigenspiel fähig sind, zeigte Giorgos Lanthimos in seiner schwarzen Komödie THE FAVOURITE (2018), die an den Hof von Queen Anne (Olivia Colman) im frühen 18. Jahrhundert führt. Die psychisch labile Königin befindet sich dort inmitten eines Machtspiels und Liebesdreiecks mit ihren beiden Hofdamen Sarah Churchill (Rachel Weisz) und Abigail Hill (Emma Stone), die während des Spanischen Erbfolgekriegs unterschiedlichen politischen Interessen dienen und die Regentin zum eigenen Vorteil zu manipulieren trachten. Der Film wurde für zehn

Academy Awards nominiert, und Colman erhielt für ihre Darstellung u. a. einen Oscar, einen Golden Globe und einen BAFTA Award.

Am intensivsten haben sich die jüngeren Filme mit der Monarchie des 19. und 20. Jahrhunderts und insbesondere mit weiblichen Angehörigen des englischen Königshauses von Queen Victoria bis zu Prinzessin Diana beschäftigt. »Selbst ein Palast kann ein Gefängnis sein«, klagt Victoria (Emily Blunt) zu Beginn von THE YOUNG VICTORIA (2009) und umreißt damit den vorherrschenden Tenor, dass ein Leben als Prinzessin oder Königin von Isolation und Entbehrungen geprägt ist. In dem von Jean-Marc Vallée inszenierten Film fühlt sich Victoria insbesondere in den Jahren vor ihrer Thronbesteigung zwischen den Machtinteressen intriganter Männer wie eine Schachfigur, erweist sich jedoch als starke und kluge Frau, die ihre Interessen durchzusetzen vermag. Dies beweist sie auch, als sie bei der Wahl ihres Ehemanns nicht der Staatsräson, sondern ihrer innigen Liebe zu ihrem Cousin Prinz Albert von Sachsen-Coburg folgt.

THE YOUNG VICTORIA lässt sich mit John Maddens MRS BROWN (1997) und Stephen Frears' VICTORIA & ABDUL (2017) zu einer Trilogie der wichtigen Männer in Victorias Leben erweitern. MRS BROWN zeigt Victoria (Judi Dench) etwa zur Mitte ihrer Regentschaft. In tiefer Trauer um ihren verstorbenen Gemahl Prinz Albert hat sich die Königin aus der Öffentlichkeit zurückgezogen, was zu einer anti-monarchistischen Stimmung im Land führt. Um sie abzulenken, wird Alberts ehemaliger Diener John Brown (Billy Connolly) an den Hof beordert, der schnell ein freundschaftliches Verhältnis zur Königin entwickelt. Der wachsende Einfluss und das unorthodoxe Verhalten des Schotten, der Ihre Majestät burschikos mit »woman« anspricht, führt schon bald zu Konflikten am Hof und zu Spott in der Öffentlichkeit. Für noch mehr Argwohn sorgte die enge Verbundenheit der Königin zu dem indischen Diener Abdul Karim (Ali Fazal), die im Mittelpunkt von VICTORIA & ABDUL steht. Auch hier verkörpert Judi Dench die Monarchin, die nach ihrem 50. Thronjubiläum amtsmüde geworden ist, jedoch, inspiriert von dem jungen Inder, noch einmal aufblüht. Schnell wird Abdul ihr engster

Ratgeber, dem sie sich anvertraut und ihre Sehnsucht nach einem einfachen, selbstbestimmten Dasein gesteht. Ihre Lebensbilanz ist erschütternd: »Ich bin so einsam. … Niemand weiß wie es ist, Königin zu sein. Mich hassen Millionen von Menschen auf der ganzen Welt.«

Im 20. Jahrhundert lieferten die zahlreichen Dramen und Skandale des Hauses Windsor Steilvorlagen für reale Seifenopern. Den Anfang machten dabei Victorias Urenkel, Edward VIII. und George VI. Die im deutschen Untertitel als »Romanze des Jahrhunderts« bezeichnete Liaison König Edwards VIII. mit der verheirateten amerikanischen Bürgerlichen Wallis Simpson beleuchtete der von Madonna inszenierte Film W.E. (2011). Madonna präsentierte die seinerzeit skandalöse Affäre, die zur frühzeitigen Abdankung des Königs führte, gegen den Strich, indem sie der oft verteufelten Amerikanerin eine Stimme verlieh. Nicht nur der britische Monarch, so der Tenor des Films, sondern auch Simpson habe Opfer für die Beziehung gebracht, die bis zu Edwards Tod 1972 hielt. Mit Edwards Abdankung fiel die Krone an dessen jüngeren Bruder, der als George VI. den Thron bestieg. Georges Handicap als Stotterer und seine langjährige Sprachtherapie sind Inhalt von Tom Hoopers Film THE KING'S SPEECH (2010) mit Colin Firth und Geoffrey Rush in den Rollen des Königs und seines Logopäden, der allmählich zum Freund wird. Unterstützung erfährt George auch durch seine empathische Ehefrau, die spätere populäre ›Queen Mum‹ (Helena Bonham Carter). Die Handlung läuft konsequent auf die titelgebende Rede hinaus, die erste Kriegsrede des Königs, die von Hooper eindrucksvoll inszeniert wird. Der Film wurde für 12 Oscars nominiert und gewann die Preise für den besten Film, die beste Regie, das beste Drehbuch und den besten Hauptdarsteller.

Den Bogen von Georges erster zu seiner letzten Kriegsansprache schlug Julian Jarrolds Komödie A ROYAL NIGHT OUT (2015). Am Abend des 8. Mai 1945, als ganz London auf den Beinen ist, um ausgelassen das Ende des Zweiten Weltkriegs zu feiern, erlaubt der König seinen Töchtern Elisabeth (Sarah Gadon) und Margaret (Bel Powley) ausnahmsweise, den Buckingham Palast zu verlassen, und die beiden erleben eine turbulente Nacht wie zwei normale Teenager. Auf heitere Weise erzählt der Film ein modernes Märchen und porträtiert dabei eine sympathische, junge Elisabeth, die davon träumt, »irgendein Mädchen unter tausenden« sein zu dürfen. Zugleich akzeptiert sie, dass diese Sehnsucht unerfüllt bleiben wird. Dies bestätigte sich in THE QUEEN (2006), wo Stephen Frears die wohl dunkelsten Momente in Elisabeths Regentschaft sezierte, nämlich die Tage nach dem tragischen Tod von Prinzessin Diana im August 1997. Im Fokus standen dabei zwei auf den ersten Blick sehr unterschiedliche Figuren: die würdevolle und traditionsbewusste Königin Elisabeth II. (Helen Mirren) und der frisch gewählte Premierminister Tony Blair (Michael Sheen), der sich leger und volkstümlich gab und Diana zur »Prinzessin des Volkes« stilisierte. Die durch Dianas Tod entstandene Krisensituation bringt die beiden auf einen Konfrontationskurs. Während die Queen, streng nach Protokoll, offiziell nicht auf das Unglück reagiert und sich auf Schloss Balmoral abschottet, erzeugt ihr Verhalten enormen medialen Druck und wachsenden Unmut beim Volk. In Frears' Interpretation der Ereignisse gibt es letztlich keine strahlenden Helden, keine der Hauptfiguren kommt ungeschoren davon, weder die Queen noch Blair, weder Prinz Philip noch Prinz Charles oder die Queen Mum, und auch nicht die verstorbene Diana. Paradoxerweise ist es die am heftigsten kritisierte Queen, die sich am Ende des Films den größten Respekt verdient. Möglich wurde dies nicht zuletzt durch die schauspielerische Glanzleistung von Helen Mirren, der es trotz maximalem Understatement gelang, immer mehr Facetten des Menschen Elisabeth hinter der royalen Fassade aufzudecken.

Während Diana bei Frears nur als Medienecho im Hintergrund präsent ist, steht sie selbst im Mittelpunkt der Filme DIANA (2013) und SPENCER (2021). Der von Pablo Larraín inszenierte SPENCER zeigte nicht die öffentliche Lady Di, sondern warf einen intimen Blick auf die private Diana, die die Weihnachtsfeiertage 1991 im Kreis der königlichen Familie verbringt. Schonungslos deckte der Film den psychischen Zustand der Prinzessin auf – ihre Isolation im ›familiären‹ Rahmen, ihre Seelenqualen am Rande des Zusammenbruchs, bis hin zu ihren selbstzerstörerischen Bulimie-Attacken. Für ihre Darstellung der Prinzessin wurde Kristen Stewart für den Oscar und den Golden Globe nominiert. Der von Oliver Hirschbiegel inszenierte DIANA spielt nach der Trennung von Prinz Charles im Zeitraum 1995-97. Der Film, der sich um die Affäre drehte, die Diana (Naomi Watts) mit dem pakistanischen Herzchirurgen Hasnat Khan (Naveen Andrews) begann, erntete in Großbritannien desaströse Verrisse, das Drehbuch und Hauptdarsteller Naveen Andrews erhielten den Schmähpreis ›Irina Palm d'Or‹. Dieses britische Pendant zu den US-amerikanischen Golden Raspberry Awards geht zurück auf die Erotikkomödie IRINA PALM (2007), die Geschichte einer biederen Hausfrau in ihren Fünfzigern (Marianne Faithfull), die die Therapie ihres todkranken Enkelsohns finanzieren will, indem sie in einem Sexclub arbeitet. Die Tatsache, dass Faithfull bei der Weltpremiere auf der Berlinale 20-minütige Standing Ovations erhielt, konnte die heimatlichen Verrisse nicht verhindern, und die britischen Filmkritiker riefen aus diesem Anlass einen Preis ins Leben, den sie ›Irina Palm d'Or‹ tauften.

Der Aufarbeitung der eigenen Geschichte dienten neben den Monarchiefilmen auch zwei Filme über die britischen Premierminister Margaret Thatcher und Winston Churchill, deren Hauptdarsteller – Meryl Streep und Gary Oldman – beide einen Academy Award erhielten. In THE IRON LADY (2011) zeichnete Regisseurin Phyllida Lloyd ein Porträt aus der subjektiven Erinnerung der inzwischen altersdementen Ex-Regierungschefin. Der nicht-linear erzählte Film beleuchtete schlaglichtartig Stationen ihrer politischen Laufbahn und riss dabei viele kontroverse Maßnahmen an, ohne diese jedoch politisch einzuordnen oder eine Bewertung von Thatchers Amtszeit abzugeben. Schauspielkunst in Vollendung zeigte Gary Oldman als Winston Churchill in Joe Wrights Historienfilm DARKEST HOUR (2017), der zur Zeit des Eintritts Großbritanniens in den Zweiten Weltkrieg spielt. Ein zentrales Kapitel des Films bildete die erfolgreiche Evakuierung von 200.000 britischen Soldaten, die bei Dünkirchen von deutschen Truppen eingekesselt waren. Auch Christopher Nolans DUNKIRK (2017) handelte von diesem historischen Ereignis, und es ist ein einmaliges Vorkommnis in der Filmgeschichte, dass zwei britische Filme mit demselben Thema im selben Jahr für den Oscar als bester Film des Jahres nominiert wurden.

Künstlerbiografien

Viele neuere britische Filme setzten sich mit dem nationalen Kulturerbe und dabei insbesondere mit der Literatur auseinander. Wie stark sich auch hier das Gewicht in Richtung einer weiblichen Perspektive verschob, zeigt ein Vergleich von Haifaa Al-Mansours MARY SHELLEY (2017) mit Ken Russells GOTHIC (1986). Beide Filme drehen sich um die Ereignisse des Sommers 1816, als der junge Dichter Percy Shelley und seine spätere Frau Mary Godwin einige Monate am Genfer See verbrachten, wo ihr Dichterkollege Lord Byron und dessen Arzt John Polidori eine Villa bewohnten. In jener Zeit begann Mary die Arbeit an ihrem Roman *Frankenstein*, der zur Quelle zahlreicher Verfilmungen wurde. Während in Russells Film die Dynamik zwischen den Männern Byron, Shelley und Polidori (Gabriel Byrne, Julian Sands, Timothy Spall) im Mittelpunkt des Interesses stand, fokussierte sich Al-Mansour auf Mary Shelley (Elle Fanning). Dabei klagte die Regisseurin insbesondere die lange vorherrschende Praxis an, kreative Leistungen von Frauen nicht zu würdigen oder gar nicht erst zur Kenntnis zu nehmen. Marys Manuskript wird von den Verlegern abgelehnt, weil die Thematik einer Dame unangemessen sei. Veröffentlicht wird es erst, nachdem Percy Shelley (Douglas Booth) ein Vorwort hinzufügt und daher für den Autor gehalten wird. Als das Buch ein großer Erfolg wird, bestätigt er öffentlich, dass seine Frau Mary die alleinige Urheberin ist.

Viele weitere biografische Filme widmeten sich den literarischen Leistungen britischer Schriftstellerinnen. Zu diesen kommerziell oft erfolgreichen Filmen zählten u.a. Richard Eyres IRIS (2001, über Iris Murdoch), Chris Noonans MISS POTTER (2006, über Beatrix Potter), Julian Jarrolds BECOMING JANE (2007, über Jane Austen), Sally Wainwrights TO WALK INVISIBLE (2016, über die Brontë-Schwestern), Chanya Buttons VITA & VIRGINIA (2018, über Vita Sackville-West und Virginia Woolf) und Frances O'Connors EMILY (2022, über Emily Brontë). In vielen dieser Filme wird deutlich, dass Schriftstellerinnen einen hohen Preis für ihre Selbstverwirklichung zahlen mussten. Eine typische Aussage findet sich in BECOMING JANE, wo Jane Austen (Anne Hathaway), Mitte der 1790er Jahre gerade am Beginn ihrer literarischen Laufbahn stehend, Ann Radcliffe besucht, die als Autorin populärer Schauerromane bereits Berühmtheit erlangt hatte. Als Radcliffe von Janes literarischen Ambitionen hört, warnt sie diese: »Eine Frau mit Verstand zu haben, gilt als unziemlich. Eine Frau zu haben mit einem literarischen Ruf, gilt als skandalös.«

Parallel hierzu erschienen Filme über Frauen, deren maßgeblicher Einfluss auf kanonische Schriftsteller oft verkannt wurde. Beispiele hierfür sind Pat Murphys NORA (2000), ein Film über die bewegte Beziehung zwischen James Joyce (Ewan McGregor) und seiner Ehefrau Nora Barnacle (Susan Lynch), sowie Jane Campions BRIGHT STAR (2009), der die Rolle aufwertete, die Fanny Brawne (Abbie Cornish) im Leben ihres Verlobten John Keats (Ben Whishaw) spielte. Geradezu programmatisch fasste der Titel des von Ralph Fiennes inszenierten Dramas THE INVISIBLE WOMAN (2013) zusammen, dass einflussreiche Frauen an der Seite berühmter Schriftsteller oft unsichtbar blieben, in diesem Fall Nelly Ternen (Felicity Jones), die langjährige heimliche Geliebte des fast 30 Jahre älteren Charles Dickens (Ralph Fiennes).

Natürlich wurden auch Biopics über männliche Künstler produziert, unter denen Biografien britischer Rockstars besonders ins Auge fallen. STONED (2005) befasste sich mit den nie ganz geklärten Todesumständen des Rolling-Stones-Gründers Brian Jones (Leo Gregory). Der Film konzentrierte sich auf das bittere Nachspiel von Jones' Karriere, als im Frühsommer 1969, knapp vier Wochen vor seinem Tod, sein Rauswurf aus der Band vollzogen wurde. Quasi den umgekehrten Weg ging Sam Taylor-Wood in ihrer einfühlsamen John Lennon-Biografie NOWHERE BOY, die zwischen Juni 1955 und August 1960 spielt, also in der Zeit vor Lennons Weltkarriere. Die Regiedebütantin Taylor-Wood und der Lennon-Darsteller Aaron Johnson lernten sich am Set kennen, sie heirateten 2012 und nahmen den gemeinsamen Namen Taylor-Johnson an.

Vergleichsweise konventionellere Biopics, die die gesamten Karrieren ihrer Stars verfolgten, waren BOHEMIAN RHAPSODY (2018) und die Elton John-Biografie ROCKETMAN (2019). BOHEMIAN RHAPSODY, inszeniert von dem Amerikaner Bryan Singer, schilderte die Geschichte von Queen-Frontman Freddie Mercury (Rami Malek). Maleks glanzvolle, oscarprämierte Darbietung und ein Einspielergebnis von über 900 Millionen Dollar konnten den Film nicht vor mittelmäßigen Kritiken bewahren, die das weichgespülte Porträt der Band und den halbherzigen Umgang mit dem Thema Homosexualität bemängelten.

Gangster-Chic

Der coole Gangster-Chic, den die frühen Filme Quentin Tarantinos verbreiteten, färbte auch auf den britischen Gangsterfilm ab. Von Jonathan Glazer (SEXY BEAST, 2000) über Ridley Scott (THE COUNSELOR, 2013) bis zu Steve McQueen (WIDOWS, 2018) und Vaughn Stein (TERMINAL, 2018) griffen zahlreiche Regisseure Strukturen und Stil des Neo-Noir und des postmodernen Films auf. Den größten Anteil an der Revitalisierung und Erneuerung des Gangstergenres in Großbritannien hatte Guy Ritchie, der, ebenso wie Scott und Glazer, seinen visuellen Stil mit der Inszenierung von Werbespots und Musikvideos geschult hatte. Ritchies erster Spielfilm LOCK, STOCK AND TWO SMOKING BARRELS erlangte durch seine Originalität und neue Gesichter (Jason Statham, Vinnie Jones) schnell einen gewissen Kultstatus. Wie auch später in SNATCH (2000), REVOLVER (2005), ROCKNROLLA (2008) und THE GENTLEMEN (2019) verband Ritchie das Gangstergenre mit Elementen der Komödie und des Actionfilms. Eine nichtchronologische Erzählweise, die die Handlung aus den wechselnden Perspektiven mehrerer Figuren wiedergibt, wurde ebenso zum Markenzeichen seiner Gangsterfilme wie deren Videoclipästhetik, schwarzer Humor und politisch unkorrekte Dialoge.

Gangsterfilme blieben eine Zeit lang populär, sogar Mike Hodges inszenierte in seinem letzten Spielfilm I'LL SLEEP WHEN I'M DEAD (2003) noch einmal einen Rachefeldzug durch die Unterwelt in der Tradition von GET CARTER. Matthew Vaughn, der Produzent von LOCK, STOCK AND TWO SMOKING BARRELS und SNATCH, gab sein Regiedebüt ebenfalls mit einem Gangsterfilm, LAYER CAKE (2004), dessen Hauptdarsteller Daniel Craig in der Rolle eines smarten Drogendealers seine Visitenkarte für die James-Bond-Nachfolge abgab.

New Realism

Während die britische Filmlandschaft in den ersten zwei Jahrzehnten des 21. Jahrhunderts durch die Blockbuster um Harry Potter und James Bond sowie durch aufwändige Kostümdramen geprägt wurde, begannen sich viele Filme wieder der harten Realität am unteren Ende der Gesellschaft zuzuwenden. Diese als *New Realism* bezeichnete Tendenz knüpfte an die Filme der *New Wave* und deren Fortführung durch Ken Loach und Mike Leigh an. Getragen wurde der *New Realism* von einer neuen Regiegeneration um Andrea Arnold, Clio Barnard, Joanna Hogg, Shane Meadows und Lynne Ramsay. Ihre realistischen Filme sind oft Repräsentationen der Alltagserfahrung und des Gewöhnlichen, die an konkrete Orte gebunden sind und zeigen, wie die Identität ihrer Figuren durch deren Umwelt bestimmt wird.

In seiner Studie *New Realism* schrieb David Forrest, dass nahezu alle Filme dieser Strömung Probleme hatten, ein heimisches Publikum zu finden und im Ausland praktisch nicht präsent waren (Forrest 2020, 3 f.). Zu den Ausnahmen von dieser Regel zählten Shane Meadows' THIS IS ENGLAND (2006) und Andrea Arnolds FISH TANK (2009), zwei intensive Filme, die zahlreiche Preise gewannen und beide den BAFTA Award als Bester Britischer Film des Jahres erhielten. THIS IS ENGLAND spielt 1983 in einem heruntergekommenen Stadtviertel in Nordengland. Protagonist ist der 12 Jahre alte Shaun (dargestellt von dem 14-jährigen Debütanten Thomas Turgoose), dessen Vater im Falklandkrieg gefallen ist, und dessen alleinerziehende Mutter (Jo Hartley) nicht das Geld hat, um ihm angesagte Klamotten zu kaufen, insbesondere nicht die ersehnten Doc Martens. In der Schule wird Shaun zum Mobbingopfer und bezieht Prügel, bis er eines Tages zufällig einer Gruppe Skinheads über den Weg läuft und ihn der empathische Gangleader Woody (Joe Gilgun) unter seine Fittiche nimmt. Als ihn die Jungs und Mädchen in Woodys Gefolge als einen der ihren akzeptieren und ihm ein bis dahin unbekanntes Selbstvertrauen geben, hat Shaun eine Ersatzfamilie gefunden. Shane Meadows, der als Jugendlicher selbst der Skinheadbewegung angehörte, zeigte auf sehr nachvollziehbare Weise, warum sich ein junger Mensch einer Subkultur anschließt, und wie schnell dabei alles auf eine erschreckend schiefe Bahn geraten kann. Den Skinheads der 1980er Jahre setzte THIS IS ENGLAND ein filmisches Denkmal, so wie es QUADROPHENIA für die Mods und HUMAN TRAFFIC (1999) für die Rave-Kultur der Generation Ecstasy getan hatten.

Als THIS IS ENGLAND erschien, hatte Meadows schon zuvor einige *New Realism*-Filme gedreht, darunter TWENTYFOURSEVEN (1997), A ROOM FOR ROMEO BRASS (1999) und DEAD MAN'S SHOES (2004). Auch Andrea Arnold war kein unbeschriebenes Blatt, bevor sie mit FISH TANK einen der eindrucksvollsten Filme des neuen britischen Realismus schuf. Für ihren Kurzfilm WASP (2003) wurde sie mit dem Oscar ausgezeichnet, und ihr Spielfilmdebüt RED ROAD (2006) erhielt in Cannes den Preis der Jury und eine Nominierung für die Goldene Palme. Wie viele von Arnolds Filmen wird auch FISH TANK konsequent aus der Perspektive einer Figur erzählt, in diesem Fall ist es die 15-jährige Mia (Katie Jarvis), die bei ihrer jungen, alleinerziehenden Mutter Joanne (Kierston Wareing) in einer trostlosen Wohnsiedlung in der Londoner Peripherie lebt. Mia ist eine ›angry young woman‹, die ihre Einsamkeit und Verletzlichkeit mit aggressivem Verhalten kaschiert. Der kurze Weg, den der Film Mia durch ihren Alltag begleitet, reicht aus, um zu begreifen, welch perspektivloses und leidvolles Leben der jungen Frau vorgezeichnet ist.

Fußballfilme

Parallelen zum *New Realism* wies eine in den 2000er Jahren entstandene Gruppe von Filmen auf, die die Problematik der gewaltbereiten Hooligan-Szene behandelten. Hierzu zählten insbesondere die Hooligan-Klassiker THE FOOTBALL FACTORY (2004) und THE FIRM (2009) des Drehbuchautors und Regisseurs Nick Love. Ähnlich wie HOOLIGANS (2005), AWAYDAYS (2009) und THE GUVNORS (2014) gaben diese Filme authentische Einblicke in die Szene, wurden aber wegen ihrer drastischen und teils verharmlosenden Gewaltdarstellungen sehr kontrovers aufgenommen. Einige dieser Filme besaßen auch Berührungspunkte zum Gangstergenre, wie etwa RISE OF THE FOOTSOLDIER (2007), der auf der Autobiografie des bekannten Londoner Hooligans und späteren Gangsters Carlton Leach basierte.

In anderen Filmen wurde Fußball als Aufstiegschance präsentiert, die soziale Unterschiede einebnen und unterprivilegierten Jugendlichen Erfolg und Respekt verschaffen kann. Ein bekanntes Beispiel hierfür bot John Hays THERE'S ONLY ONE JIMMY GRIMBLE (2000). Dort verhalf fußballerisches Talent dem aus ärmlichen Verhältnissen stammenden Außenseiter und Mobbing-Opfer Jimmy Grimble (Lewis McKenzie) ebenso zu unverhofftem Ansehen wie seinem verspotteten Trainer Eric (Robert Carlyle). Der Film betonte, dass man Erfolg nicht durch Geld und soziale Herkunft erwirbt, sondern durch bodenständige Werte wie Fairness, Bescheidenheit und Vereinstreue. So ist es bezeichnend, dass sich Jimmy am Schluss des Films gegen ein lukratives Angebot von Manchester United entscheidet und lieber seinem stärker mit der Arbeiterklasse assoziierten Verein Manchester City treu bleibt.

Dem Londoner Club FC Arsenal setzten gleich mehrere Filme ein Denkmal. Thorold Dickinsons THE ARSENAL STADIUM MYSTERY (1939), einer der frühesten Fußballfilme überhaupt, handelt von der Aufklärung eines Mordes, der während eines Spiels des FC Arsenal geschieht. In dem Film, der teilweise im Highbury Stadion gedreht wurde, wirkten mehrere Spieler von Arsenal sowie deren legendärer Trainer

George Allison mit. In Sharon Maguires INCENDIARY (2008) ereignet sich, ebenfalls während eines Spiels des FC Arsenal, ein Terroranschlag auf das vollbesetzte Emirates Stadium. Der Film zeigt, wie das Leben einer jungen Frau (Michelle Williams), die bei dem Attentat Mann und Kind verliert, anschließend aus den Fugen gerät. Einen weiteren Bezug zum FC Arsenal besaß David Evans' romantische Komödie FEVER PITCH (1997), deren Protagonist Paul Ashworth (Colin Firth), ebenso wie der Autor der Romanvorlage, Nick Hornby, ein glühender Arsenal-Fan ist.

In Fußballfilmen wurde aber nicht nur die Hierarchie der britischen Klassengesellschaft infrage gestellt, sondern auch Klischees der Geschlechterrollen. Auf amüsante Weise geschah dies in Bill Forsyths romantischer Komödie GREGORY'S GIRL (1980), wo ein Fußballtrainer seiner Glasgower Schülermannschaft zum Erfolg verhilft, indem er, entgegen seiner eigenen sexistischen Vorbehalte, das talentierte Mädchen Dorothy (Dee Hepburn) als Mittelstürmerin aufstellt. Dorothys Durchsetzungsvermögen in der damaligen Männerdomäne des Fußballs spiegelt sich mit umgekehrten Vorzeichen in Stephen Daldrys im Jahr 1984 spielendem Sozialdrama BILLY ELLIOT (2000) wider. Dort ist es der elfjährige Bergarbeitersohn Billy (Jamie Bell), der heimlich das von seinem Vater Jackie (Gary Lewis) verordnete Boxtraining schwänzt, um am Ballettunterricht teilzunehmen. Das Konfliktpotential ist hier ungleich größer als in GREGORY'S GIRL, denn im Kohlearbeitermilieu der 1980er Jahre, das ein erzkonservatives Rollenverständnis pflegte, war Billys Liebe zum Ballett ein absolutes No-Go. Selbstredend ist Billy der einzige Junge in der Ballettklasse von Mrs. Wilkinson (Julie Walters), die seine Begabung frühzeitig erkennt und ihn fördert. Auch Jackie akzeptiert schließlich Billys Talent und treibt unter großen Schwierigkeiten das Geld auf, um seinem Sohn die Aufnahmeprüfung an der Londoner Royal Ballet School zu ermöglichen. BILLY ELLIOT wurde ein gigantischer Publikumserfolg und spielte bei einem Budget von nur 5 Millionen Dollar weltweit über 133 Millionen ein.

Britisch-asiatisches Kino

Der mit Abstand populärste Fußballfilm wurde Gurinder Chadhas Komödie BEND IT LIKE BECKHAM (2002), ein Überraschungserfolg, der eine ganze Palette menschlicher Konflikte vorführte, die der Fußball auslösen kann. Im Mittelpunkt dieses Films steht die 18-jährige Jess Bhamra (Parminder Nagra), die ihre Passion für den Fußball auslebt, indem sie auf der Wiese mit ein paar Jungs kickt. Dort wird sie zufällig von der gleichaltrigen Jules (Keira Knightley) beobachtet, die sie zum Probetrainig mit einem richtigen Frauenteam einlädt. Während Jules von ihrer Mutter für lesbisch gehalten wird, weil sie mit Frauen Fußball spielt, muss Jess den Sport vor ihren Eltern geheimhalten, weil sie sich damit deren traditionellem Rollenverständnis widersetzt. Jess' Vater (Anupam Kher), der einst den Cricketsport aufgab, weil er von weißen Spielern diskriminiert wurde, lässt sie jedoch insgeheim gewähren und ebnet ihr damit letztlich den Weg zu einem Sportstipendium in den USA. Rassistische und sexuelle Vorurteile, vor allem aber die ethnische Zerrissenheit zwischen indischen Wurzeln und westlicher Kultur, erschienen in dem Film als Dinge, die unbegründet sind und überwunden werden können. Seit ihrem Spielfilmdebüt BHAJI ON THE BEACH (1993) hat sich Gurinder Chadha immer wieder mit indischen Themen befasst und konnte dabei wiederholt kommerzielle Erfolge feiern, von BRIDE & PREJUDICE (2004), einer indischen Version von Jane Austens Roman *Pride and Prejudice*, bis zu der Teenagerkomödie BLINDED BY THE LIGHT (2019).

BEND IT LIKE BECKHAM ist das prominenteste Beispiel für das britisch-asiatische Kino, das im weitesten Sinn das Leben der asiatischen Community in Großbritannien behandelt, und im engeren Sinn die britische Filmproduktion asiatischstämmiger Regisseurinnen und Regisseure bezeichnet. Die Wurzeln für diesen Filmzweig entstanden nach dem Zweiten Weltkrieg, als eine starke Zuwanderung aus den ehemaligen britischen Kolonien einsetzte. Das Leben von Immigranten indisch-pakistischer Herkunft in Großbritannien entwickelte sich dabei zum häufigsten und nachhaltigsten Thema des ethnischen Films. Als erster britisch-asiatischer Spielfilm gilt

Peter Smiths Drama A PRIVATE ENTERPRISE (1974), aber es war Stephen Frears' MY BEAUTIFUL LAUNDRETTE, der das Thema asiatischer Einwanderer für ein großes Publikum öffnete und mit SAMMY AND ROSIE GET LAID (1987) sogleich vertiefte. Populäre Erfolge waren auch Damien O'Donnells EAST IS EAST (1999) und Metin Huseyins ANITA & ME (2002), zwei Komödien über junge Auslandsinder im Spannungsfeld zwischen den indischen Traditionen ihrer Elternhäuser und der liberaleren Lebensart im England der frühen 1970er Jahre. Im Zusammenhang mit Generationskonflikten und Genderrollen wird mitunter auch die Problematik arrangierter Zwangsehen behandelt, sei es humorvoll wie in EAST IS EAST oder menschlich-berührend wie in Sarah Gavrons BRICK LANE (2007). Gavrons Drama, benannt nach dem Zentrum der pakistanischen Community in London, thematisiert auch die Radikalisierung der Immigranten, als es im Nachhall der 9/11-Anschläge zu einer anti-muslimischen Stimmung im Land kam. Ein weiteres wiederkehrendes Thema sind die Probleme gemischt-ethnischer Beziehungen, die unter anderem in Ken Loachs CARLA'S SONG (1996) und AE FOND KISS (2004) sowie in Clio Barnards ALI & AVA (2021) dargestellt wurden.

Kein anderer britischer Film des 21. Jahrhunderts hat Indien einem breiten Publikum indes näher gebracht als Danny Boyles Welterfolg SLUMDOG MILLIONAIRE (2008). Im Zentrum dieses modernen Märchens steht der 18-jährige Jamal (Dev Patel), der in den Slums von Mumbai aufwuchs und es bei der indischen Ausgabe von *Wer wird Millionär?* bis zur Millionenfrage schafft. Während er für die begeisterte Fernsehnation zum Volkshelden wird, verhört ihn die Polizei mit Foltermethoden, weil man ihn für einen Betrüger hält. Also erzählt er den Polizisten in Rückblenden seine abenteuerliche Lebensgeschichte, und diese Rückblenden liefern nicht nur die Erklärung dafür, warum Jamal alle Quizfragen beantworten konnte, sondern bieten auch ein lebendiges, farbenprächtiges Panorama des zeitgenössischen Indien. SLUMDOG MILLIONAIRE spielte 378 Millionen Dollar ein und gewann acht Academy Awards, darunter den bislang einzigen Regie-Oscar für Danny Boyle.

Zeitgenössische Regisseurinnen

Das Regiefach war lange Zeit eine männliche Domäne. Regisseurinnen wie Muriel Box, Jill Craigie, Ruby Grierson und Wendy Toye, die in der Mitte des 20. Jahrhunderts wirkten, blieben Ausnahmen. Grierson war die führende Regisseurin der frühen Dokumentarfilmbewegung und starb 1940, 36-jährig, auf tragische Weise in Ausübung ihres Berufs, als sie an Bord eines Schiffes einen Film über die Evakuierung britischer Kinder nach Kanada drehte, und das Schiff im Atlantik torpediert wurde. Muriel Box inszenierte in den 1950er und frühen 1960er Jahren über ein Dutzend Spielfilme, in denen teilweise deutliche feministische Standpunkte vertreten wurden, wie etwa in dem episodischen Krimi STREET CORNER (1953) oder in den Komödien SIMON AND LAURA (1955) und THE TRUTH ABOUT WOMEN (1957).

In den 1970er Jahren profilierten sich mehrere Frauen in einer alternativen Filmszene mit feministischen Kurzfilmen, darunter Laura Mulvey und Sally Potter. Die in Zeichnen, Komposition, Tanz und Choreografie ausgebildete Potter begann ab 1969 Kurzfilme zu drehen, unter denen besonders THRILLER (1979) herausragte, eine inzwischen klassisch gewordene feministische Auseinandersetzung mit Puccinis Oper *La Bohème*. Auf eine Reihe experimenteller Filme, die sich den Konventionen des männlich geprägten Erzählkinos verweigerten, folgte eine neue Schaffensperiode, in der die Regisseurin mit kommerziell erfolgreichen Arthouse-Filmen, für die sie selbst die Drehbücher schrieb, ein internationales Publikum erreichte. Diese Phase begann mit ORLANDO (1992), einer Adaption von Virginia Woolfs gleichnamigem Roman. Der Film ist die Fantasy-Version einer menschlichen Existenz, die Zuordnungen wie Alter oder Geschlecht bedeutungslos werden lassen. Man begegnet dem jungen, androgynen Adligen Orlando (Tilda Swinton) zunächst im frühen 17. Jahrhundert als Günstling von Königin Elisabeth I. (die von dem 84-jährigen Quentin Crisp dargestellt wurde). Auf ihrem Totenbett verspricht ihm die Königin großen Reichtum unter der Bedingung, dass er niemals altern dürfe. Orlando geht diesen Deal ein, widmet sich fortan den Künsten, tritt in den diplomatischen Dienst ein und nimmt im frühen 19. Jahrhundert an einem Krieg gegen die Osmanen teil, in dessen Verlauf er in ein Koma fällt. Als Orlando nach mehreren Tagen erwacht, stellt er fest, dass er sich in eine Frau verwandelt hat. Tilda Swinton schaut an diesem Punkt in die Kamera und kommentiert, »No difference at all. Just a different sex.« Der Film endet in der Gegenwart der 1990er Jahre, als die Titelfigur – nunmehr Lady Orlando und Mutter einer Tochter – einen Verleger für ihr soeben vollendetes Buch sucht.

Wie die meisten Filme in Sally Potters Œuvre lässt sich ORLANDO nur schwer in herkömmlichen Kategorien beschreiben. Dies gilt auch für THE TANGO LESSON (1997), ein autobiografisch inspiriertes Werk über das Leben, die Liebe und die Kunst, in dem die Regisseurin selbst die Hauptrolle spielte, ebenso wie für ihre nach der Jahrtausendwende inszenierten Filme THE MAN WHO CRIED (2000), YES (2004), GINGER & ROSA (2012), THE PARTY (2017) und THE ROADS NOT TAKEN (2020), die aber nur noch selten die starke Wirkung ihrer früheren Werke erzielten.

In den 1990er Jahren begannen die Karrieren von Regisseurinnen wie Andrea Arnold, Antonia Bird, Gurinder Chadha, Joanna Hogg, Phyllida Lloyd, Sharon Maguire und Lynne Ramsay. Nicht zuletzt diesen Frauen ist es zu verdanken, dass britische Regisseurinnen – wenngleich nach wie vor marginalisiert – im 21. Jahrhundert zahlreicher und sichtbarer wurden. Stärker als ihre Vorgängerinnen waren sie auch im Mainstreamkino präsent und konnten dort einige große Erfolge verbuchen, allen voran Phyllida Lloyd, deren auf der Musik der schwedischen Popgruppe ABBA basierendes Musical MAMMA MIA! (2008) 695 Millionen Dollar einspielte und damit das weltweit erfolgreichste Filmmusical aller Zeiten wurde. Nach THE IRON LADY wusste Lloyd auch mit der irisch-britischen Koproduktion HERSELF (2020) zu beeindrucken. Das düstere Sozialdrama griff das Thema häuslicher Gewalt gegen Frauen auf und bestach durch die Leistung von Hauptdarstellerin und Koautorin Clare Dunne, deren Figur Sandra sich weder vom Terror ihres Ehemanns noch von der Tyrannei der Bürokratie unterkriegen lässt.

Ein kommerzieller Volltreffer war auch Sharon Maguires Adaption von Helen Fieldings populärem Roman um die sympathisch unperfekte Londoner Büroangestellte Bridget Jones. Die romantische Komödie BRIDGET JONES'S DIARY (2001), im Grunde eine moderne Version von Jane Austens *Pride and Prejudice*, spielte über 330 Millionen Dollar ein und brachte zwei Fortsetzungen hervor: Maguires eigenen Film BRIDGET JONES'S BABY (2016) und zuvor den von Beeban Kidron inszenierten BRIDGET JONES: THE EDGE OF REASON (2004). Neben der US-Amerikanerin Renée Zellweger waren die Filme mit Colin Firth, Hugh Grant, Gemma Jones und Jim Broadbent prominent besetzt.

Die hauptsächlich für das Fensehen tätige Antonia Bird drehte in den 1990er Jahren mehrere Kinofilme und bediente dabei auch Genres, die traditionell als ›maskulin‹ galten. FACE (1997) ist ein gradliniger Gangsterfilm um Geldgier und Betrug in der Londoner Unterwelt. In der Hauptrolle agierte Robert Carlyle, mit dem die Regisseurin häufiger zusammenarbeitete, so auch in dem Horrorfilm RAVENOUS (1999), der Themen wie Kannibalismus und Vampirismus mit schwarzem Humor präsentierte.

Die Schottin Lynne Ramsay veröffentlichte 1996 ihren ersten Kurzfilm, SMALL DEATHS, der in Cannes sogleich den Preis der Jury gewann – ein Triumph, den sie mit GASMAN (1997) wiederholen konnte. Ihr erster Spielfilm, RATCATCHER (1999), gilt als einflussreicher Schlüsselfilm des *New Realism*, weil er dem handlungszentrierten Realismus der von Ken Loach geprägten Sozialdramen ein poetisches, introspektives, leicht surrealistisches Element hinzufügte, das für viele Filme des *New Realism* typisch werden sollte. RATCATCHER spielt im Glasgow der frühen 1970er Jahre während eines Streiks der Müllarbeiter, und die sich überall auftürmenden Müllsäcke dienen als Metapher des vorgezeichneten Lebensentwurfs des 12-jährigen Protagonisten James (William Eadie). Ramsay arbeitet immer wieder mit Symbolik und mit ruhigen, teils statischen Bildern, die ihre fotografische Ausbildung verraten. Für RATCATCHER gewann Ramsay zahlreiche Preise, u. a. den BAFTA-Award für die vielversprechendste Newcomerin.

Fragile und angsterfüllte Schicksale wie dasjenige von James waren auch den Figuren in Ramsays folgenden Filmen beschieden. Die Titelheldin von MORVERN CALLAR (2002), eine junge Frau aus der Arbeiterklasse, erwacht am Weihnachtsmorgen neben ihrem Freund, der sich in der Nacht das Leben genommen hat. Auf dem PC findet sie seinen Abschiedsbrief und seinen unveröffentlichten Roman. Sie beseitigt die Leiche, gibt den Roman als ihren eigenen aus und schickt ihn an einen Verlag, der ihr schließlich einen Vorschuss von 100.000 Pfund auszahlt. Mit dem Geld kehrt sie ihrem tristen schottischen Kleinstadtleben den Rücken und geht nach Spanien, obwohl sie dort überhaupt nicht hinzupassen scheint. All dies tut sie ohne Plan, vielmehr lässt sie sich ziellos durchs Leben treiben, introvertiert in ihrer eigenen Welt lebend. Man erfährt nichts über ihr weiteres Schicksal, ebensowenig wie über die Hintergründe ihrer Beziehung oder das Motiv für den Selbstmord.

Nach dem ebenso schockierenden wie deprimierenden Drama WE NEED TO TALK ABOUT KEVIN (2011), mit einer Bravourleistung der Hauptdarstellerin Tilda Swinton, drehte Ramsay den intensiven Neo-Noir-Thriller YOU WERE NEVER REALLY HERE (2017). Darin spielt Joaquin Phoenix den suizidalen Auftragskiller Joe, der Frauen aus den Händen von Sexhändlern befreit. Joe eliminiert die Frauenschänder gnadenlos mit einem Hammer, doch weil die Tötungen großenteils *off-screen* geschehen, bleibt die Brutalität des Films erträglich. YOU WERE NEVER REALLY HERE erhielt enthusiastische Kritiken und festigte Lynne Ramsays Reputation als eine zentrale Figur unter den Filmschaffenden der Gegenwart.

Christopher Nolan und Michael Winterbottom

Mit Christopher Nolan, Ridley Scott und David Yates befanden sich 2024 drei Engländer unter den Top Ten der kommerziell erfolgreichsten Filmregisseure aller Zeiten. Während Yates diese exponierte Stellung seiner Mitwirkung an der HARRY POTTER-Reihe verdankte, haben sich Scott und Nolan ihren Rang über viele Jahre in unterschiedlichen Genres erarbeitet. Mit Einnahmen von über sechs Milliarden Dollar an den Kinokassen gelang es Nolan in seiner bisherigen Karriere nahezu perfekt, drei Aspekte miteinander zu verbinden, die oft als gegensätzlich empfunden werden: Seine Filme besitzen philosophischen Tiefgang, sie sind filmtechnisch experimentell und wegweisend, und sie sind finanziell außerordentlich gewinnbringend. Mit seiner Londoner Produktionsfirma Syncopy, die er gemeinsam mit seiner Ehefrau Emma Thomas leitet, hat er mit wenigen Ausnahmen alle seine Filme auch koproduziert. Ein erstes Ausrufezeichen setzte er mit dem Neo-Noir-Film MEMENTO (2000). Dessen Protagonist Leonard (Guy Pearce) ist auf der Jagd nach dem Mörder seiner Frau, hat jedoch sein Kurzzeitgedächtnis verloren, und dieses Krankheitsbild simulierte Nolan auf geniale Weise mit einer komplexen experimentellen Erzählstruktur, bei der die Handlungschronologie teilweise rückwärts läuft. Nolans Karriere verlief danach steil nach oben ohne einen einzigen Flop an den Kinokassen. Mit dem Blockbuster BATMAN BEGINS (2005) setzte er neue Qualitätsmaßstäbe für Comic-Adaptionen, und die Einspielergebnisse der Fortsetzungen THE DARK KNIGHT (2008) und THE DARK KNIGHT RISES (2012), übertrafen jeweils die Milliarden-Dollar-Grenze. Große Beachtung fanden auch der Actionthriller INCEPTION (2010), das Weltraum-Epos INTERSTELLAR (2014) und das Weltkriegsdrama DUNKIRK (2017). Einen Höhepunkt seines Schaffens setzte Nolan mit der Filmbiografie OPPENHEIMER (2023) die von der Kritik als Meisterwerk und einer der besten Filme des 21. Jahrhunderts gefeiert wurde. OPPENHEIMER stellte zahlreiche Rekorde auf, u. a. als kommerziell erfolgreichstes Biopic aller Zeiten und als erfolgreichster Film über den Zweiten Weltkrieg. Er wurde mit sieben Academy Awards und sieben BAFTA Awards ausgezeichnet, Nolan erhielt zwei Oscars für die beste Regie und als Koproduzent für den besten Film.

Obwohl Nolans Filme auf den ersten Blick sehr verschieden wirken, besitzen sie doch einige Gemeinsamkeiten. Hierzu zählt, dass sie oft von männlichen Figuren dominiert werden, die einen inneren Konflikt mit den eigenen Dämonen austragen. Im Mittelpunkt stehen dabei immer wieder philosophische Fragen über die Natur der menschlichen

Identität, die Ethik unserer Handlungen und die oft vergebliche Sinnsuche des Individuums. Ein wiederkehrendes Motiv in Nolans Filmen ist auch das Mysterium der Zeit, deren subjektive Wahrnehmungen und mögliche Manipulation er von MEMENTO über INTERSTELLAR bis zu TENET (2020) ästhetisch eindrucksvoll umgesetzt hat.

Michael Winterbottom ist mit über 30 Filmen, die er seit 1995 inszeniert hat, einer der produktivsten britischen Regisseure der Gegenwart, wenngleich die Mehrzahl seiner Filme kein sehr breites Publikum fand. Sein umfangreiches Werk ist ähnlich heterogen wie dasjenige Nolans, aber auch hier lassen sich gewisse Konstanten erkennen. So drehte er mehrere Adaptionen klassischer englischer Romane wie Thomas Hardys *Jude the Obscure* und *Tess of the D'Urbervilles* (JUDE, 1996; TRISHNA, 2011) und sogar Laurence Sternes *Tristram Shandy* (A COCK AND BULL STORY, 2005), der bis dahin als eines der unverfilmbarsten Werke der Weltliteratur galt. Daneben inszenierte er Mainstream-Komödien, häufig mit Steve Coogan in der Hauptrolle, wie etwa 24 HOUR PARTY PEOPLE (2002). Einen Namen machte sich Winterbottom aber vor allem mit politischen Filmen über aktuelle internationale Konflikte, wie WELCOME TO SARAJEVO (1997) und THE ROAD TO GUANTANAMO (2006).

Ebenso wie Nolan gründete Winterbottom seine eigene Produktionsfirma, Revolution Films, die ihm ein hohes Maß an Kontrolle über seine Filme gewährte und es ihm ermöglichte, kontroverse und tabubrechende Themen zu behandeln. So thematisierte er frühzeitig die Migrationsproblematik, als er in dem Berlinale-Sieger IN THIS WORLD (2002) zwei afghanischen Flüchtlingen auf ihrer Odyssee von Pakistan bis nach London folgte. In aufwühlenden Bildern verwischte er dabei die Grenzen zwischen Spiel- und Dokumentarfilm durch den Einsatz von Voiceover-Kommentar, Untertitelung, Handkamera und Laiendarstellern. Eine fragmentarische narrative Struktur und ein oft semi-dokumentarisch und improvisiert wirkender Stil kennzeichnen auch viele andere von Winterbottoms Filmen. Immer wieder lotete der Regisseur die Grenzen des Darstellbaren aus, so auch in 9 SONGS (2004), der aufgrund seiner ausführlichen, unsimulierten Sexszenen bis heute als der sexuell expliziteste Film in der Geschichte des britischen Kinos gilt. Dennoch ist 9 SONGS keineswegs pornografisch und wurde vom BBFC ohne Auflagen ab 18 Jahren freigegeben.

Endzeitstimmung: Zombies, Pandemien und die Apokalypse

Gleich zu Beginn des neuen Jahrtausends erschien mit Danny Boyles 28 DAYS LATER (2002) ein Horrorfilm, der auf das verunsicherte Post-Millenium-Lebensgefühl vorausdeutete. Das Grauen, das in die geordnete Alltagswelt einbricht, manifestierte sich dort nicht als lokaler Konflikt zwischen individuellen Personen, wie es in den Dracula-Filmen der Hammer Studios oder in US-amerikanischen Slasherfilmen der Fall war, sondern als globale Apokalypse, die die Existenz der gesamten Menschheit bedroht. Wie in Paul W. S. Andersons Videospiel-Adaption RESIDENT EVIL (2002) und zahlreichen weiteren Filmen trat diese Bedrohung in Form eines Virus auf, das die Menschen dahinrafft oder in Zombies verwandelt. 28 DAYS LATER beginnt mit der Freisetzung des Virus durch Tierschutzaktivisten, die in ein Versuchslabor der Universität Cambridge eindringen, um Schimpansen zu befreien, die dort zu Forschungszwecken gefangengehalten werden. Die Tierschützer ahnen nicht, dass die Affen Träger eines hochinfektiösen ›Rage-Virus‹ sind, das alle Infizierten binnen Sekunden unheilbar in rasende, mordende Furien verwandelt. Als das Virus in die Außenwelt gelangt, löst es eine Pandemie aus, deren Folgen von Boyle in unvergesslichen Bildern umgesetzt wurden: Ein junger Mann (Cillian Murphy), der von der Apokalypse nichts mitbekommen hat, weil er in einem Londoner Krankenhaus im Koma lag, irrt von Panik ergriffen durch ausgestorbene Straßen, und die Kamera folgt ihm durch die gespenstische Metropole über die Westminster Bridge bis zum Piccadilly Circus. Diese Sequenz zelebriert eine der eindrucksvollsten analog erzeugten Kulissen der jüngeren Filmgeschichte.

Wie bereits zuvor in THE BEACH (2000) griff Danny Boyle auf eine Romanvorlage von Alex Garland zurück, der für 28

DAYS LATER auch das Drehbuch schrieb. Gemeinsam setzten die beiden eine hohe Messlatte für die Vielzahl nachfolgender Pandemie-Horrorfilme, darunter auch die schwächere, von Juan Carlos Fresnadillo inszenierte Fortsetzung 28 WEEKS LATER (2007). Die meisten Pandemiefilme warfen die Frage nach dem Ursprung des Virus auf und öffneten damit die Tore für diverse Verschwörungstheorien. Häufig war das Killervirus von Menschen gemacht, 28 DAYS LATER und RESIDENT EVIL verwiesen auf zweifelhafte Forschungen der Gentechnologie, bzw. auf skupellose Konzerne, die im Verborgenen illegale Biowaffen entwickeln. Nicht selten dienten die Pandemien als politische Allegorien, wie etwa in Neil Marshalls DOOMSDAY (2008), wo nach dem Ausbruch einer Epidemie ganz Schottland unter Quarantäne gestellt wird. Die Londoner Zentralregierung errichtet sogar eine unüberwindliche Grenzbefestigung zu England und überlässt Schottland sich selbst. Aufgrund der folgenden jahrzehntelangen Isolation degenerieren die Schotten zu einer vorzivilisatorischen Gesellschaft mit primitiven Stammesritualen, und es lag auf der Hand, dass dies ein Kommentar zur schottischen Unabhängigkeitsbewegung war, die zur Entstehungszeit des Films ein Kernthema britischer Innenpolitik bildete.

Die latente Endzeitstimmung, die dem Beginn des neuen Jahrtausends anhaftete, spiegelte sich auch in den handwerklich exzellent gemachten Filmen THE DESCENT (2005) und CHILDREN OF MEN (2006) wider, die einen tiefgehenden Pessimismus ausstrahlten. In Neil Marshalls extrem klaustrophobischem Horrorfilm THE DESCENT steigen sechs Frauen in die Abgründe eines unterirdischen Höhlensystems hinab, aus dem es für sie kein Entkommen geben wird. Die vielschichtige Symbolik des Films machte den Survivalhorror zu einer Parabel der Hoffnungslosigkeit menschlicher Existenz. Das drohende Aussterben der unfruchtbar gewordenen Menschheit war das Thema des in dokumentarischem Stil gehaltenen dystopischen Endzeit-Thrillers CHILDREN OF MEN. Regisseur Alfonso Cuarón lieferte bewusst keine wissenschaftliche Erklärung für sein Untergangsszenario, sondern verwendete die Unfruchtbarkeit als Metapher für die schwindende Hoffnung auf eine Zukunft für die Menschheit, wobei das offene Ende bei allem Pessimismus auch Raum für Hoffnung ließ.

Dass sich pandemischen Horrorszenarien auch komische Seiten abgewinnen lassen, stellten der Regisseur Edgar Wright und sein Hauptdarsteller Simon Pegg unter Beweis, als sie gemeinsam das Drehbuch zu der Zombie-Parodie SHAUN OF THE DEAD (2004) verfassten. Auf die Verwandlung ihrer gesamten Nachbarschaft in todbringende Monster reagieren Shaun (Simon Pegg) und sein bester Kumpel Ed (Nick Frost) eher lässig-unterkühlt: Die lästigen Untoten bereiten ihnen weniger Sorgen als die Aussicht, in ihrem Pub womöglich nicht mehr ungestört Bier trinken zu können. Die britische Attitüde des *keep calm* zeitigt Erfolg, denn am Schluss ist Shaun mit seiner geliebten Liz (Kate Ashfield) vereint, und alles ist wieder wie früher – jedenfalls ungefähr. Als Schlüssel für den großen Erfolg des Films galten die für einen Horrorfilm ungewöhnlich aufwändige Werbekampagne sowie vor allem die Tatsache, dass die Handlung eine Fusion mit dem damals populären Genre der RomCom einging und dadurch ein breiteres Publikum ansprach, als es bei Horrorfilmen üblicherweise der Fall ist.

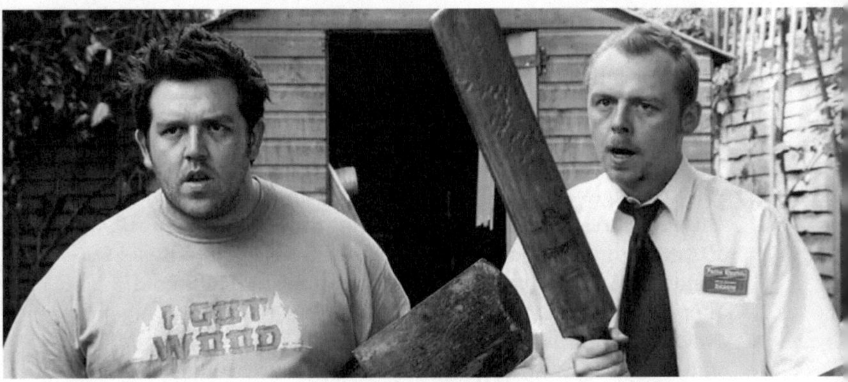

Nick Frost und Simon Pegg im Kampf gegen die Zombies in SHAUN OF THE DEAD

Das Team, bestehend aus Edgar Wright, Simon Pegg und Produzentin Nira Park, erweiterte SHAUN OF THE DEAD zu einer lockeren Komödienreihe, in der Pegg und Frost in weitere abstruse Verschwörungs- und Invasionszenarien gerieten. Die Reihe, die unter Fans als ›Cornetto-Trilogie‹ bekannt wurde, bestand neben SHAUN OF THE DEAD aus den Parodien HOT FUZZ (2007) und THE WORLD'S END (2013), die ihre jeweiligen Genres – Zombiefilm, Actionfilm, Science Fiction – mustergültig durch den Kakao zogen.

Einen psychologischen Horrorfilm im Hochglanzstil eines Neo-Noir inszenierte Edgar Wright mit LAST NIGHT IN SOHO (2021). Der Film war eine Hommage an die 1960er Jahre, und er lehnte sich in seiner Motivik an Horrorklassiker aus jener Zeit an, von Polańskis REPULSION bis zu Roegs DON'T LOOK NOW. Auch die Handlung erinnerte an die seinerzeit typischen Plots, in denen es ein junges, naives Mädchen aus der Provinz in die Lasterhöhle des *Swinging London* verschlägt. Weitere Referenzen an die 1960er Jahren waren neben dem Soundtrack auch die Auftritte der Sixties-Ikonen Diana Rigg (in ihrer letzten Filmrolle) und Rita Tushingham, die in THE KNACK… AND HOW TO GET IT selbst solch ein naives Mädchen gespielt hatte.

Auch die akute Bedrohung der Menschheit durch künstliche Intelligenz wurde in jüngerer Zeit in zahlreichen Filmen thematisiert. Jahrzehnte, nachdem Ridley Scott in BLADE RUNNER die grundsätzliche Frage aufwarf, was einen Menschen von einer intelligenten Maschine unterscheidet, boomen aktuell Filme, in denen Menschen, meist zum eigenen Nachteil, humanoide künstliche Intelligenzen erschaffen. Unter den einschlägigen britischen Produktionen wie THE MACHINE (2013), ARCHIVE (2020), ZONE 414 (2021) und T. I.M. (2023) ragt Alex Garlands Regiedebüt EX MACHINA (2014) eindrucksvoll heraus. In Garlands Thriller soll der junge Programmierer Caleb (Domhnall Gleeson) im Auftrag seines Firmenchefs Nathan (Oscar Isaac) angeblich prüfen, ob die intelligente Androidin Ava (Alicia Vikander) ein eigenes Bewusstsein hat. In Wahrheit jedoch, so stellt sich später heraus, will Nathan herausfinden, ob es Ava gelingen wird, Caleb so zu manipulieren, dass dieser seinen Chef hintergeht

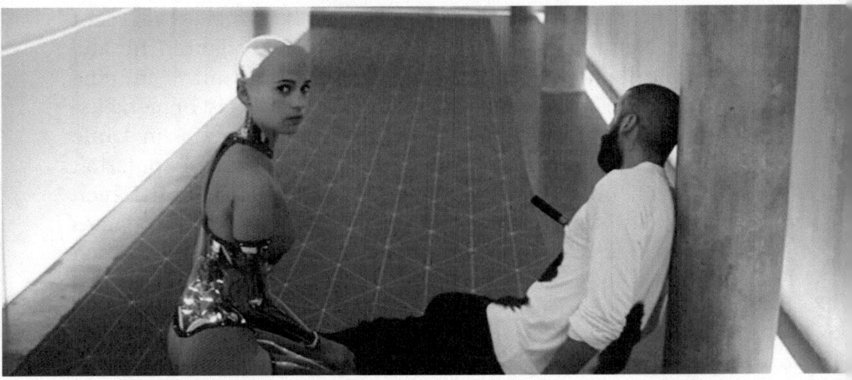

EX MACHINA: Die Maschine tötet ihren Schöpfer

und der hinter Panzerglas gefangenen Maschine zur Flucht verhilft. Der sympathische, aber naive Caleb ist den raffinierten Intrigen der kühl kalkulierenden Androidin nicht gewachsen, und am Ende sind die ursprünglichen Rollen vertauscht: Einmal befreit, ermordet Ava ihren Schöpfer Nathan, gliedert sich unerkannt in die menschliche Gesellschaft ein, und Caleb bleibt, dem Tod geweiht, in ihrem ehemaligen Glaskäfig zurück.

Renaissance des Alters

Zu den erstaunlichsten Phänomenen des britischen Gegenwartskinos gehört eine Gruppe von Schauspielerinnen und Schauspielern, die sich trotz ihres hohen Alters als Publikumslieblinge und Kassenmagneten erweisen. Die besten Beispiele hierfür sind Judi Dench und Maggie Smith. Beide wurden 1934 geboren und begannen ihre Schauspielkarrieren in den 1950er Jahren. Smith hatte frühzeitig Erfolg: Bereits 1966 erhielt sie eine Oscar-Nominierung für ihre Rolle der Desdemona in Stuart Burges OTHELLO (1965) mit Laurence Olivier in der Titelrolle. In den 1970er Jahren gewann sie zwei Academy Awards für ihre Hauptrolle in Ronald Neames Drama THE PRIME OF MISS JEAN BRODIE (1969) und für einen Nebenpart in der US-amerikanischen Komödie CALI-

FORNIA SUITE (1978). Judi Dench erhielt ihre erste von acht Oscar-Nominierungen erst im Alter von 63 Jahren für die Hauptrolle in MRS BROWN, ihre bislang letzte mit 77 für eine Nebenrolle in Kenneth Branaghs BELFAST. Das Bemerkenswerte bei beiden Schauspielerinnen ist, dass sie im Laufe ihrer Karrieren viele gute Rollen spielten, große Popularität aber erst im fortgeschrittenem Alter erlangten. Judi Dench verdankte dies ihrem publikumswirksamen Part als James Bonds Vorgesetzte M, aber auch zahlreichen lukrativen Hauptrollen in IRIS (2001), NOTES ON A SCANDAL (2006), PHILOMENA (2013) und vielen anderen Filmen. Maggie Smith schuf sich selbst ein Denkmal, als sie 2001, damals 66-jährig, den Part der Minerva McGonagall in den HARRY POTTER-Filmen übernahm. Vor dem heimischen Fernsehpublikum trug außerdem die populäre Serie DOWNTON ABBEY (2010-2015) zu ihrer Beliebtheit bei. Die Serie fand durch DOWNTON ABBEY (2019) und DOWNTON ABBEY: A NEW ERA (2022) auch den Weg ins Kino.

Seit Dench und Smith in den späten 1950er Jahren am Old Vic Theater spielten und sich eine Garderobe teilten, verband sie eine enge Freundschaft, und sie standen später auch mehrfach gemeinsam vor der Kamera. Nach ihrem gefeierten Auftritt in A ROOM WITH A VIEW traten sie zusammen auch in Franco Zeffirellis Komödie TEA WITH MUSSOLINI (1999) auf, und in dem Drama LADIES IN LAVENDER (2004) spielten sie zwei ältliche Schwestern, die einen jungen polnischen Schiffbrüchigen (Daniel Brühl) retten und sich in ihn verlieben.

Ihren kommerziell größten gemeinsamen Hit hatten die beiden Schauspielerinnen mit John Maddens THE BEST EXOTIC MARIGOLD HOTEL (2011), nicht zuletzt deshalb, weil sie mit Bill Nighy, Tom Wilkinson und Penelope Wilton prominente Unterstützung durch weitere Veteranen erfuhren, die in den 1940er Jahren geboren wurden. Sie alle spielen in der ebenso warmherzigen wie vergnüglichen Komödie eine Gruppe englischer Ruheständler, die beschlossen haben, ihren Lebensabend in Indien zu verbringen – aus unterschiedlichen Gründen, aber vor allem, weil sie sich das Leben dort leisten können. Dass der titelgebende Ruhesitz schon wesent-

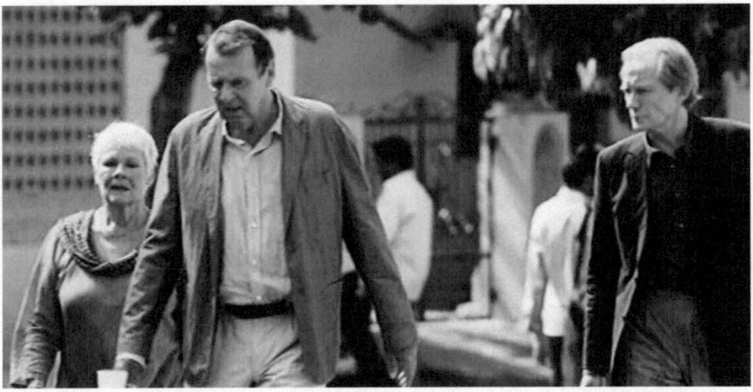

Ruheständler in Indien: Judi Dench, Tom Wilkinson und Bill Nighy

lich bessere Zeiten gesehen hat, ist irgendwann egal, denn sowohl das Hotel als auch sein junger, notorisch optimistischer Besitzer (Dev Patel) verströmen so viel Charme, dass die Pensionisten die heruntergekommene Unterkunft schließlich renovieren und in Eigenregie bewirtschaften. Der Film wird voll und ganz von den Stärken seines erlesenen Ensembles getragen, das sich mühelos die Sympathien des Publikums sichert.

Das Motiv von Menschen, die im hohen Alter aus ihrem gewohnten Leben ausbrechen, eine weite Reise auf sich nehmen und dabei auch eine spirituelle Selbstfindung erleben, wurde seither in mehreren britischen Filmen aufgegriffen. Der älteste Hauptdarsteller dieser Filme war Michael Caine, Jahrgang 1933, der in Oliver Parkers THE GREAT ESCAPER (2023) den Weltkriegsveteranen Bernie Jordan spielt, der heimlich sein Pflegeheim verlässt, um an den Feiern zum 70. Jahrestag der alliierten Invasion in Frankreich teilzunehmen. An der Seite seiner fast gleichaltrigen Kollegin Glenda Jackson setzte Caine hier einen vorläufigen Schlusspunkt unter seine großartige Karriere mit rekordverdächtigen 175 Filmrollen.

Im selben Jahr wie THE GREAT ESCAPER erschien Hettie Macdonalds Drama THE UNLIKELY PILGRIMAGE OF HAROLD FRY (2023), das von seinen Stars Jim Broadbent (*1949), und

Penelope Wilton (*1946) getragen wurde. Broadbent verkörperte darin einen einfachen Rentner, der spontan zu einem 750 Kilometer langen Fußmarsch aufbricht, um einer ehemaligen Arbeitskollegin in ihrem Todeskampf beizustehen. Der wochenlange Marsch wird zu einer sehr persönlichen, introspektiven Pilgerreise und Reflexion des eigenen Lebens.

Die bewegendste Variation des Themas war jedoch ein melancholischer Road Movie mit dem passenden Titel THE LAST BUS (2021), der in all seiner Bescheidenheit großes Gefühlskino entfaltete. In einer grandiosen Rolle spielte Timothy Spall den greisen Witwer Tom, der mit zahlreichen Bussen vom äußersten Nordosten der schottischen Highlands bis nach Land's End, dem äußersten Südwesten Englands fährt. Toms letzter Wunsch ist es, die Asche seiner verstorbenen Frau, der großen Liebe seines Lebens, an jenem Ort ins Meer zu streuen, wo sie sich 70 Jahre zuvor kennengelernt haben. Die Unternehmung führt den alten Mann auf eine Tour d'Horizon durch das Vereinigte Königreich – zum einen im geografischen Sinn als Reise durch idyllische Naturlandschaften und Orte der Zivilisation, die von starken Kontrasten geprägt sind: Berge und Meer, gepflegte Dörfer und vermüllte Industrielandschaften, traditionelle Gasthöfe und coole Bars. Zum anderen aber ist der Film vor allem ein gesellschaftliches Panorama des zeitgenössischen Großbritanniens, und auch hier herrschen viele Kontraste. Tom begegnet jungen und alten, armen und wohlhabenden, lebenslustigen und verzweifelten Menschen und immer wieder einer breiten ethnischen Vielfalt. Doch egal, wohin er kommt, überall trifft er auf wildfremde Menschen, die offen, selbstlos und hilfsbereit sind und die, egal woher sie kommen, genau jene ur-britische Solidarität leben, die so viele Filme dieser Nation beschworen haben. THE LAST BUS ist eine Bestandsaufnahme der britischen Gesellschaft zu Beginn der 2020er Jahre, und sie verleiht diesem tieftraurigen Film eine Menge Optimismus.

Filmauswahl

Die folgende Liste mit 25 Filmen enthält neben einigen Meilensteinen der britischen Kinogeschichte vorrangig solche Filme, die prototypisch waren, einen neuen Trend gesetzt haben, oder sich als besonders repräsentativ und prägend für ein Genre oder eine Epoche erwiesen.

THE PRIVATE LIFE OF HENRY VIII (1933, R: Alexander Korda, P: London Film Productions)

THE 39 STEPS (1935, R: Alfred Hitchcock, P: Gaumont British Picture Corporation)

HENRY V (1944, R: Laurence Olivier, P: Two Cities Films)

BRIEF ENCOUNTER (1945, R: David Lean. Cineguild)

KIND HEARTS AND CORONETS (1949, R: Robert Hamer, P: Ealing Studios)

THE THIRD MAN (1949, R: Carol Reed, P: London Film Productions)

DRACULA (1958, R: Terence Fisher, P: Hammer Films)

PEEPING TOM (1960, R: Michael Powell, P: Michael Powell Theatre)

SATURDAY NIGHT AND SUNDAY MORNING (1960, R: Karel Reisz, P: Woodfall)

A HARD DAY'S NIGHT (1964, R: Richard Lester, P: Walter Shenson Films)

GOLDFINGER (1964, R: Guy Hamilton, P: Eon Productions)

DARLING (1965, R: John Schlesinger, P: Joseph Janni Production, Vic Films)

KES (1969, R: Ken Loach, P: Woodfall, Kestrel Films)

GET CARTER (1971, R: Mike Hodges, P: MGM British)

DON'T LOOK NOW (1973, R: Nicolas Roeg, P: Casey Productions, Eldorado Films)

MY BEAUTIFUL LAUNDRETTE (1985, R: Stephen Frears, P: Working Title, Channel Four)

A ROOM WITH A VIEW (1985, R: James Ivory, P: Goldcrest, Film Four, Merchant Ivory)

TRAINSPOTTING (1996, R: Danny Boyle, P: Channel Four, Miramax, Figment Films)

THE FULL MONTY (1997, R: Peter Cattaneo, P: Channel Four, 20th Century Fox, Redwave Films)

SHAKESPEARE IN LOVE (1998, R: John Madden, P: Universal, Miramax)

NOTTING HILL (1999, R: Roger Michell, P: Polygram, Working Title, Notting Hill Pictures)

BEND IT LIKE BECKHAM (2002, R: Gurinder Chadha, P: British Screen, Searchlight)

SHAUN OF THE DEAD (2004, R: Edgar Wright, P: Working Title, Universal, StudioCanal)

FISH TANK (2009, R: Andrea Arnold, P: BBC Film, UK Film Council, Limelight)

THE LAST BUS (2021, R: Gillies MacKinnon, P: Hurricane Films, Head Gear Films)

Weiterführende Literatur

Ashby, Justine, Andrew Higson (Hg.). *British Cinema, Past and Present.* London / New York: Routledge, 2000.

Chapman, James. *Past and Present: National Identity and the British Historical Film.* London: Tauris, 2005.

Drazin, Charles. *The Finest Years. British Cinema of the 1940s.* London: André Deutsch, 1998.

Dyja, Eddie. *Studying British Cinema: The 1990s.* Leighton Buzzard: Auteur, 2010.

Fitzgerald, John. *Studying British Cinema: 1999-2009.* Leighton Buzzard: Auteur, 2010.

Forrest, David. *New Realism. Contemporary British Cinema.* Edinburgh: Edinburgh University Press, 2020.

Geraghty, Christine. *British Cinema in the Fifties. Gender, Genre and the ›New Look‹.* London / New York: Routledge, 2000.

Glasby, Matt. *Britpop Cinema: From Trainspotting to This Is England.* Bristol: Intellect, 2019.

Harper, Sue, Justin Smith (Hg.). *British Film Culture in the 1970s. The Boudaries of Pleasure.* Edinburgh: Edinburgh University Press, 2012.

Helbig, Jörg. *Geschichte des britischen Films.* Stuttgart / Weimar: Metzler, 1999.

Higson, Andrew. *Film England. Culturally English Filmmaking since the 1990s,* London / New York: I. B. Tauris, 2011.

Higson, Andrew (Hg.). *Young and Innocent? The Cinema in Britain 1896-1930.* Exeter: University of Exeter Press, 2002.

Hill, John. *British Cinema in the 1980s.* Oxford: Oxford University Press, 1999.

Landy, Marcia. *British Genres: Cinema and Society, 1930-1960.* Princeton: Princeton University Press, 1991.

Leach, Jim. *British Film.* Cambridge: Cambridge University Press, 2004.

Murphy, Robert (Hg.). *The British Cinema Book.* London: British Film Institute, 1997.

Murphy, Robert. *Sixties British Cinema.* London: British Film Institute, 1992.

Richards, Jeffrey. *The Age of the Dream Palace. Cinema and Society in Britain 1930-1939.* London: Routledge & Kegan Paul, 1984.

Street, Sarah. *British National Cinema.* London / New York: Routledge, 1997.

Trevelyan, John. *What the Censor Saw*. London: Michael Joseph, 1973.

Williams, Melanie. *Female Stars of British Cinema: The Women in Question*. Edinburgh: Edinburgh University Press, 2017.

Wood, Jason, Ian Haydn Smith. *New British Cinema: From* Submarine *to* 12 Years a Slave. London: Faber & Faber, 2015.

Personenregister